प्रेरक सूक्ति कोश

लेखक
डॉ. प्रकाशचंद गंगराड़े

वी एण्ड एस पब्लिशर्स

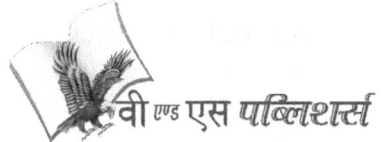

आत्म-विकास की सर्वश्रेष्ठ पुस्तकें

- हां, तुम एक विजेता हो — ₹ 60
- जीवन में सफल होने के उपाय — ₹ 68
- भयमुक्त कैसे हों — ₹ 48
- धैर्य एवं सहनशीलता — ₹ 80
- व्यवहार कुशलता — ₹ 60
- निराशा छोड़ो सुख से जिओ — ₹ 60
- खुशहाल जीवन जीने के व्यावहारिक उपाय — ₹ 72
- सार्थक जीवन जीने की कला — ₹ 60
- अपना व्यक्तित्व प्रभावशाली कैसे बनाएं — ₹ 68
- मानसिक शांति के रहस्य — ₹ 60

वी एण्ड एस पब्लिशर्स की पुस्तकें

देश-भर के रेलवे, रोडवेज़ तथा अन्य प्रमुख बुक स्टॉलों पर उपलब्ध हैं। अपनी मनपसंद पुस्तकों की किसी भी नजदीकी बुक स्टॉल से मांग करें। यदि न मिलें, तो हमें पत्र लिखें। हम आपको तुरंत वी.पी.पी. द्वारा भेज देंगे। इन पुस्तकों की निरंतर जानकारी पाने के लिए विस्तृत सूची-पत्र मंगवाएं या हमारी वेबसाइट देखें

www.vspublishers.com

प्रकाशक

F-2/16, अंसारी रोड, दरियागंज, नई दिल्ली-110002
☎ 23240026, 23240027 • *फैक्स:* 011-23240028
E-mail: info@vspublishers.com • *Website:* www.vspublishers.com

शाखा : हैदराबाद
5-1-707/1, ब्रिज भवन (सेन्ट्रल बैंक ऑफ इण्डिया लेन के बगल में)
बैंक स्ट्रीट, कोटी हैदराबाद-500 095
☎ 040-24737290
E-mail: vspublishershyd@gmail.com

वितरक :

▶ **पुस्तक महल®, दिल्ली**
J-3/16, दरियागंज, नई दिल्ली-110002
☎ 23276539, 23272783, 23272784 • *फैक्स:* 011-23260518
E-mail: info@pustakmahal.com • *Website:* www.pustakmahal.com
बंगलुरू: ☎ 080-22234025 • *टेलीफैक्स:* 22240209
पटना: ☎ 0612-3294193 • *टेलीफैक्स:* 0612-2302719

▶ **पी.एम. पब्लिकेशंस**
- 10-बी, नेताजी सुभाष मार्ग, दरियागंज, नई दिल्ली-110002
  ☎ 23268292, 23268293, 23279900 • *फैक्स:* 011-23280567
  E-mail: rapidexdelhi@indiatimes.com, pmpublications@gmail.com
- 6686, खारी बावली, दिल्ली-110006
  ☎ 23944314, 23911979

▶ **यूनीकार्न बुक्स**

मुम्बई :
23-25, जोबा वाडी (अपोजिट वी०आई०पी शोरूम), ठाकुरद्वारा, मुम्बई-400002
☎ 22010941 • *फैक्स:* 022-22053387

© **कॉपीराइट : वी एण्ड एस पब्लिशर्स**

ISBN 978-93-814486-5-6

संस्करण: 2011

भारतीय कॉपीराइट एक्ट के अन्तर्गत इस पुस्तक के तथा इसमें समाहित सारी सामग्री (रेखा व छायाचित्रों सहित) के सर्वाधिकार **प्रकाशक** के पास सुरक्षित हैं। इसलिए कोई भी सज्जन इस पुस्तक का नाम, टाइटल डिजाइन, अंदर का मैटर व चित्र आदि आंशिक या पूर्ण रूप से तोड़-मरोड़ कर एवं किसी भी भाषा में छापने व प्रकाशित करने का साहस न करें, अन्यथा कानूनी तौर पर वे हर्जे-खर्चे व हानि के जिम्मेदार होंगे।

अध्ययन

- मस्तिष्क के लिए अध्ययन की उतनी ही आवश्यकता है, जितनी शरीर को व्यायाम की। —*जोसेफ़ एडीसन*
- अध्ययन आनन्द, अलंकरण तथा योग्यता के लिए उपयोगी है। —*बेकन*
- प्रकृति की अपेक्षा अध्ययन के द्वारा अधिक मनुष्य महान् बने हैं। —*सिसरो*
- जितना ही हम अध्ययन करते हैं, उतना ही हमको अपने अज्ञान का आभास होता जाता है। —*स्वामी विवेकानंद*
- दूसरी वस्तुएं बल से छीनी जा सकती हैं अथवा धन से खरीदी जा सकती हैं, किन्तु ज्ञान केवल अध्ययन से प्राप्त हो सकता है और अध्ययन केवल एकान्त में किया जा सकता है। —*डॉ. जानसन*
- आज पढ़ना सब जानते हैं, पर क्या पढ़ना चाहिए, यह कोई नहीं जानता। —*जार्ज बर्नार्ड शॉ*
- जिसे पुस्तक पढ़ने का शौक है, वह सब जगह सुखी रह सकता है। —*महात्मा गांधी*
- शास्त्र अनन्त है, विद्या अनेकों प्रकार की है किन्तु जीवन थोड़ा है, बाधाएं अनेक हैं। इस कारण जो सारभूत है, उसे ही ग्रहण कर लेना चाहिए। जैसे हंस दूध और पानी में से दूध पी लेता है, पानी छोड़ देता है। —*चाणक्य नीति 15/10*
- पढ़ने से सस्ता कोई मनोरंजन नहीं, न कोई खुशी उतनी स्थायी। —*एडीसन*
- जो पुस्तकें तुम्हें सबसे अधिक सोचने के लिए विवश करती हैं, तुम्हारी सबसे बड़ी सहायक हैं। —*जवाहरलाल नेहरू*

असफलता

- असफलता केवल यह सिद्ध करती है कि सफलता का प्रयत्न पूरे मन से नहीं हुआ। —*श्रीराम शर्मा आचार्य*
- असफलता के विचार से सफलता का उत्पन्न होना उतना ही असंभव है, जितना बबूल के पेड़ से गुलाब के फूल का निकलना। —*स्वेट मार्डेन*
- हमारी सबसे बड़ी शान कभी न गिरने में नहीं है, अपितु जब हम गिरें, हर बार उठने में है। —*कन्फ्यूशियस*

- असफलताएं कभी-कभी सफलता का आधार होती हैं। यदि हम अनेक बार भी असफल होते हैं, तो कोई बात नहीं। प्रयत्न करके असफल हो जाने की अपेक्षा प्रयत्न न करना अधिक अपमानजनक है। ***–स्वामी विवेकानंद***
- मनुष्य सफलता से कुछ नहीं सीखता, विफलता से बहुत कुछ सीखता है। ***–अरबी लोकोक्ति***
- असफलता निराशा का सूत्र कभी नहीं है, अपितु वह तो नई प्रेरणा है। ***–साउथ***
- जो लोग सचमुच बुद्धिमान हैं, वे असफलताओं से कभी नहीं घबराते। ***–शेक्सपीयर***
- असफलता का प्रधान कारण प्रायः धनाभाव नहीं, अपितु शक्ति और सामर्थ्य का अभाव होता है। ***–डेनियल बेब्स्टर***
- विफलता से सफलता की शिक्षा मिलती है। ***–अंग्रेजी लोकोक्ति***
- जो नौजवान अपने चरित्र को अपनी पूंजी बनाने और अपने प्रत्येक वचन को पूरा करने के लिए अपने सारे पौरुष की बाजी लगा देने का दृढ़ संकल्प लेकर चलता है, वह असफल नहीं हो सकता, चाहे उसे यश या धन कुछ भी न मिले। ***–स्वेट मार्डेन***

अवसर

- मनुष्य के लिए जीवन में सफलता का रहस्य हर आने वाले अवसर के लिए तैयार रहना है। ***–डिजरायली***
- आज का अवसर घूमकर खो दो, तो कल भी वही बात होगी और फिर ज्यादा आलस आएगा। ***–शेक्सपीयर***
- यह मत सोचो कि अवसर तुम्हारे द्वार पर दोबारा खटखटाएगा। ***–चैम्सफोर्ड***
- फसल के शुष्क हो जाने पर वर्षा से क्या लाभ? अवसर चूक जाने पर पश्चात्ताप से क्या लाभ? ***–तुलसीदास***
- सर्वोत्तम मनुष्य वे नहीं हैं जो अवसरों की बाट जोहते हैं, अपितु वे हैं जो अवसर को अपना दास बना लेते हैं। ***–ई. एच. चेपिन***
- उचित समय पर काम करने वाले का ही श्रम सफल होता है। ***–आचरांग चूर्णि***
- कोई अवसर हाथ से निकल जाने के बाद वापस नहीं लाया जा सकता। ***–अंग्रेजी लोकोक्ति***

- अवसर को खो देना, सफलता को खो देना है। —चार्ल्स
- समय का कोई भी क्षण ऐसा नहीं जो भाग्य निर्माण के लिए अवसर उपस्थित न करता हो। लेकिन यदि कोई व्यक्ति अवसर के उस क्षण को न पहचान सके, ग्रहण न कर सके और वह गुजर जाए तो फिर वह हाथ नहीं आता। —स्वेट मार्डेन
- ऐसा कोई भी व्यक्ति संसार में नहीं है, जिसके पास एक बार भाग्योदय का अवसर न आता हो। परन्तु जब वह देखता है कि वह व्यक्ति उसका स्वागत करने के लिए तैयार नहीं है, तो वह उलटे पैरों लौट जाता है। —कार्डिनल
- समय पर उपयुक्त उत्तर देना मनुष्य को आनन्द प्रदान करता है। अवसर पर कही गई बात कितनी भली होती है। —नीति वचन 15–23 (बाइबल)
- जो अवसर को पकड़ ले, वही सफल व्यक्ति है। —गेटे
- अवसर उनकी सहायता कभी नहीं करता जो अपनी सहायता नहीं करते। —सफोक्लीज
- बुराई करने के अवसर तो दिन में सौ बार आते हैं, लेकिन भलाई का अवसर तो वर्ष में एक बार आता है। —वाल्टेयर
- प्रत्येक प्राणी को जीवन में केवल एक बार अपने भाग्य की परीक्षा का अवसर मिलता है और वही भविष्य का निर्णय कर देता है। —प्रेमचंद
- कई लोग असाधारण अवसरों की राह देखा करते हैं, परन्तु वास्तव में कोई भी अवसर छोटा अथवा बड़ा नहीं होता। छोटे-से-छोटे अवसर का उपयोग करने से, अपनी बुद्धि को उसमें भिड़ा देने से वही छोटा अवसर बड़ा हो जाता है। —स्वेट मार्डेन
- अब पछताए होत क्या, जब चिड़िया चुग गई खेत। —हिन्दी लोकोक्ति

अज्ञान/अज्ञानता

- अज्ञानी रहने से तो जन्म न लेना अच्छा है, क्योंकि अज्ञान ही सब दुःखों की जड़ है। —नेपोलियन बोनापार्ट
- जहां अज्ञान वरदान हो, वहां बुद्धिमानी दिखाना मूर्खता है। —ग्रेविल
- अज्ञान अंधकार-स्वरूप है। दीया बुझाकर भागने वाला यही समझता है कि दूसरे उसे देख नहीं सकते, तो उसे यह भी समझ रखनी चाहिए कि वह ठोकर खाकर गिर भी सकता है। —रामचन्द्र शुक्ल
- आज जबकि अन्धे, बहरे, लंगड़े और विकलांग भी शिक्षा प्राप्त करने का प्रयत्न कर रहे हैं, अनपढ़ व्यक्तियों को लज्जा आनी चाहिए। —स्वेट मार्डेन

- किसी विषय में अधूरे ज्ञान से अच्छा है, उस विषय में अज्ञानी होना।
  —पब्लीलियस साइरस
- अज्ञान ही पाप है। शेष सारे पाप तो उसकी छाया ही हैं। *—ओशो*
- अज्ञान के समान दूसरा बैरी नहीं। *—चाणक्य*
- अज्ञानी के लिए मौन से श्रेष्ठ कुछ नहीं है और यदि वह यह युक्ति समझ ले, तो अज्ञानी न रहे। *—शेख़ सादी*
- जो व्यक्ति जितना अशिक्षित है, वह उतना ही गरीब है। *—जवाहरलाल नेहरू*
- अज्ञान प्रभु का शाप है। ज्ञान वह पंख है, जिससे हम स्वर्ग को उड़ते हैं।
  —शेक्सपीयर
- अपने अज्ञान का आभास होना ही ज्ञान की ओर एक बड़ा कदम है।
  —डिजरायली
- जहां अज्ञान है, वहां दुःख आकर ही रहेगा। *—श्री अरविन्द*
- अज्ञान से मुक्त होकर ही हम पाप से मुक्त हो सकते हैं। अज्ञान उसका कारण है, जिसका फल पाप है। *—स्वामी विवेकानंद*

अहंकार

- जो मनुष्य अहंकार करता है, उसका एक-न-एक दिन पतन अवश्य ही होगा।
  —महर्षि दयानंद सरस्वती
- सुख बाहर से मिलने की कोई चीज नहीं, वह तो हमारे अंदर मौजूद है। मगर अहंकार छोड़े बगैर उसकी प्राप्ति नहीं होने वाली। *—महात्मा गांधी*
- हमें मन से अहंकार को मिटाकर मधुर वचन बोलने चाहिए जो सबको सुखकर लगते हैं और स्वयं को भी प्रसन्नता का अनुभव होता है। *—कबीर दोहावली*
- दुर्बलतम शरीरों में अहंकार प्रबलतम होता है। *—शेक्सपीयर*
- अहंकार करना मूर्खों का काम है। *—शेख सादी*
- मनुष्य जितना छोटा होता है, उसका अहंकार उतना ही बड़ा होता है।
  —वाल्टेयर
- यदि तुम्हारा अहंकार चला गया है, तो किसी भी धर्म पुस्तक की एक पंक्ति भी पढ़े बिना व किसी भी देवालय में पैर रखे बिना, तुम जहां बैठे हो, वहीं मोक्ष प्राप्त हो जाएगा। *—स्वामी विवेकानंद*

- जब तक व्यक्ति अहंकारयुक्त होता है, तब तक वह दुःख भोगने के लिए बाध्य है। और जब अहंकार नहीं रह जाता, तब कोई कष्ट नहीं होता। अतः उत्तम यही है कि बिना अहंकार के रहा जाए। *—श्रीरामचन्द्र वाणी*
- हमारा अहंकार ही है, जिसके कारण हमें अपनी आलोचना सुनकर दुःख होता है। *—मेरी कोनएडी*
- अहंकारी का विनाश जरूर होता है। *—तुलसीदास*
- जो हम करते हैं, वह दूसरे भी कर सकते हैं। ऐसा मानें। यदि न मानें तो हम अहंकारी ठहरेंगे। *—महात्मा गांधी*
- अहंकार ही पराजय का द्वार है। *—शतपथ ब्राह्मण*
- अहंकार के समूल नाश से तृष्णाओं का अन्त हो जाता है। *—महात्मा बुद्ध*

आदत

- आदत रस्सी के समान है। नित्य इसमें एक बट देते हैं और अंत में हम इसे तोड़ नहीं सकते। *—ऐचमैन*
- आदत के कारण लोग जितने काम करते हैं, उतने विवेक के कारण नहीं करते। *—अंग्रेजी लोकोक्ति*
- हमारी आदतें उस लोहे की जंजीर के समान हैं, जो हमें बांध लेती हैं। हमारी अच्छी आदतें ही हमारा मार्गदर्शन करती हैं। *—लेकस्टीन*
- किसी व्यक्ति में अगर एक बुरी आदत पड़ जाती है, तो फिर बुरी आदतों का भण्डार बढ़ता ही चला जाता है। अगर आप शैतान के बेटे को अपने घर आमंत्रित करेंगे तो उसका पूरा कुनबा ही चला आएगा। इसी तरह एक बुरी आदत अपने साथ कई और अनेकों बुरी आदतों को लेकर आती है। *—स्वेट मार्डेन*
- हर वर्ष एक बुरी आदत को मूल से खोदकर फेंका जाए, तो कुछ ही वर्षों में बुरे-से-बुरा व्यक्ति भी भला हो सकता है। *—सुकरात*
- आदतों को यदि रोका न जाए, तो वे शीघ्र ही लत बन जाती हैं। *—संत आगस्टिन*
- हर आदमी अपनी आदतों से मजबूर होता है। *—सुकरात*
- बुरी आदतों की लौह शृंखला मनुष्य के मन से किसी विषैले नाग की तरह लिपट जाती है और घातक प्रभाव डालती है। व्यक्ति का जीवन समय से पहले ही नष्ट होकर समाप्त हो जाता है। *—हेजलेट*

आलस्य

- ❒ आलस्य का एकमात्र इलाज है, काम करो। *–रदरफ र्ड*
- ❒ जो कुछ नहीं करता, केवल वही आलसी नहीं है, बल्कि आलसी वह भी है जो अपने काम से भी अच्छा काम पा सकता था। *–सुकरात*
- ❒ आलस्य में दरिद्रता का वास है मगर जो आलस्य नहीं करता, उसके परिश्रम में लक्ष्मी बसती है। *–सन्त तिरूवल्लुवर*
- ❒ आलस्य परमेश्वर के दिए हुए हाथ-पैरों का अपमान है। *–अज्ञात*
- ❒ गरीबी का कारण आलस्य है, पर कठोर परिश्रम से गरीब मनुष्य भी धनवान हो जाता है। *–नीतिवचन 10-4(बाइबल)*
- ❒ उद्यम से ही कार्यों की सिद्धि होती है, मनोरथ से नहीं। सोए हुए सिंह के मुंह में पशु अपने आप नहीं चले आते। *–संस्कृत लोकोक्ति*
- ❒ परिश्रम ऋण को चुकाता है, आलस्य उसे बढ़ाता है। *–विवेकानंद*
- ❒ आलस्य मनुष्यों के शरीर में रहने वाला घोर शत्रु है। *–भर्तृहरि, नीतिशतक*
- ❒ आलस्य वह रोग है, जिसका रोगी कभी नहीं संभलता। *–प्रेमचंद*
- ❒ आलस्य एक प्रकार की हिंसा है। *–महात्मा गांधी*
- ❒ आलस्य में जीवन बिताना आत्महत्या के समान है। *–सुकरात*
- ❒ आलस्य के फल भी महान् भयंकर हैं। आलसी आदमी आज का काम कल के ऊपर छोड़कर कोई नई संपत्ति का उपार्जन कर नहीं सकता और अपने पूर्वजों का पूर्वार्जित धन नष्ट करता जाता है। *–भगवान बुद्ध*
- ❒ कोई भी आलसी मनुष्य कभी महान् नहीं बन सकता। जो अपने समय का एक क्षण भी व्यर्थ नहीं गंवाते, वे ही संसार में हलचल मचाते हैं और मानव समाज की उन्नति करते हैं। *–सैमुअल स्माइल्स*
- ❒ आलसी मनुष्य अपना पुरुषार्थ गंवा देते हैं जिससे उन्हें कहीं भी सफलता नहीं मिलती। उन्हें सभी ओर निराशा के ही दर्शन करने पड़ते हैं। *–ऋग्वेद 5/34/5*

आचरण

- ❒ मनुष्य का आचरण ही बतलाता है कि वह कुलीन है या अकुलीन, वीर है या कायर अथवा पवित्र है या अपवित्र। *–वाल्मीकि*
- ❒ संसार में जो अच्छे आचरण करता हुआ जीवन यापन करता रहता है, वह दीर्घजीवी होता है। उसकी संतान भी उसे सुख देने वाली होती है। वह धन-सम्पत्ति

भी प्राप्त करता है। यदि बुरे लोग उसके सम्पर्क में आते हैं, तो उनके आचरण भी सुधर जाते हैं। *—मनुस्मृति*

- ❐ मनुष्य जिस समय पशु तुल्य आचरण करता है, उस समय वह पशुओं से भी नीचे गिर जाता है। *—स्वामी विवेकानंद*
- ❐ स्कूल आचरण का कारखाना है। *—महात्मा गांधी*
- ❐ ज्ञानी वह है जो वर्तमान को ठीक प्रकार समझे और परिस्थिति के अनुसार आचरण करे। *—विनोबा भावे*
- ❐ आचरण दर्पण के समान है, जिसमें हर मनुष्य अपना प्रतिबिम्ब दिखाता है। *—गेटे*
- ❐ आचरण के बिना ज्ञान केवल भारमात्र ही होता है। *—हितोपदेश*
- ❐ जो मनुष्य छल और कपटपूर्ण आचरण करते हैं, वही संसार में घृणा और निन्दा फैलाते हैं। इसलिए मनुष्य को चाहिए कि वह सदैव सत्य का ही अनुसरण करे। *—ऋग्वेद 4/5/5*
- ❐ सुन्दर आचरण, सुन्दर शरीर से अच्छा है। *—इमर्सन*
- ❐ जिस कथन को आचरण में न उतारा जाए, उसमें शक्ति नहीं होती। *—अज्ञात*
- ❐ पढ़ना एक गुना, चिन्तन दो गुना, आचरण चौगुना। *—विनोबा भावे*
- ❐ क्रोध को प्रेम से, बुराई को भलाई से, लोभ को उदारता से और असत्य को सत्य से विजय करें। *—धम्मपद*

आनन्द

- ❐ अपने कार्य को पूरा करो और खरे बनकर पेट भरो। बलवान्, क्रियाशील, कर्त्तव्यपरायण, ईमानदार और मेहनती व्यक्तियों को ही जीवन का सर्वोच्च आनन्द प्राप्त होता है। *—ऋग्वेद 1/429*
- ❐ आनन्द के अवसर पर हम अपने दुःखों को भूल जाते हैं। *—प्रेमचंद*
- ❐ सुख और आनन्द ऐसे इत्र हैं, जिन्हें जितना अधिक दूसरों पर छिड़केंगे उतनी ही सुगन्ध आपके भीतर समाएगी। *—इमर्सन*
- ❐ आनन्द वह खुशी है, जिसके भोगने पर पछताना नहीं पड़ता। *—सुकरात*
- ❐ परिश्रम के पश्चात् नींद, तूफानी समुद्र के पश्चात् बन्दरगाह, युद्ध के पश्चात् विश्राम और जीवन के पश्चात् मृत्यु अत्यधिक आनन्दप्रद होते हैं। *—एडमंड स्पेन्सर*

- जीवन है तो आनन्द है और परिश्रम है तो जीवन है। —*टॉलस्टाय*
- आनन्द का पहला स्रोत है, स्वास्थ्य। —*कर्टिस*
- आनन्द ही एक ऐसी वस्तु है, जो आपके पास न होने पर भी आप दूसरों को बिना किसी असुविधा के दे सकते हैं। —*कारमेन सिल्वा*
- आनन्दित रहनेवाला हृदय उत्तम दवा है। निराश मन हड्डियों को भी सुखा देता है। —*नीतिवचन 17-22(बाइबल)*
- आनन्द हमारे अपने घर में ही होता है। उसे दूसरों के बगीचों में ढूंढ़ना बेकार है। —*डगलस फेरोल्ड*
- आनन्द को दूसरों की आंखों से देखना कितना दुःखद है। —*शेक्सपीयर*
- जो वस्तु आनन्द नहीं प्रदान कर सकती, वह सुन्दर नहीं हो सकती और जो सुन्दर नहीं हो सकती, वह सत्य भी नहीं हो सकती। जहां आनन्द है, वहीं सत्य है। —*प्रेमचंद*

आशा

- दुःखी व्यक्तियों के पास आशा ही एकमात्र औषधि होती है। —*शेक्सपीयर*
- आशा मनुष्य के लिए अमृत के समान है। जिस प्रकार पेड़-पौधों को सूरज से जीवन मिलता है, उसी प्रकार आशा से मनुष्य में नए उत्साह का संचार होता है। —*स्वेट मार्डेन*
- आशा उत्साह की जननी है, आशा में तेज है, बल है, जीवन है। आशा ही संसार की संचालक शक्ति है। —*प्रेमचंद*
- आशा जीवन का लंगर है। उसका सहारा छोड़ने से आदमी भवसागर में बह जाता है। केवल आशा करने से ही कार्य पूरे नहीं होते। —*लुकमान*
- जिसके पास उम्मीद है, वह लाख बार हारकर भी नहीं हारता। —*रघुवीर शरण मित्र*
- वास्तव में जिसे किसी प्रकार की आशा नहीं है, वही सुख से सोता है। आशा का न होना ही परम सुख है। —*वेदव्यास, महाभारत*
- जो केवल आशाओं के सहारे रहता है, शीघ्र ही वह भूखा मर जाएगा। —*फ्रैंकलिन*
- दुःख में हर कोई साथ छोड़ जाता है, परन्तु आशा फिर भी साथ नहीं छोड़ती। —*अंग्रेजी लोकोक्ति*

- जिसके पास आशा है, उसके पास सबकुछ है। —इमर्सन
- जो अन्य से आशा नहीं करता, वही शूर है। —तुकाराम
- आशावाद ही वह पंथ है, जो सफलता की ओर ले जाता है। आशा के बिना कोई भी कार्य किया ही नहीं जा सकता। —हेलेन केलर
- धन्य है वह, जो आशा नहीं रखता क्योंकि उसे कभी निराश नहीं होना पड़ेगा। —स्विफ्ट
- आशा तो बड़ी चीज है, और फिर बच्चों की आशा! उनकी कल्पना तो राई को पर्वत बना देती है। —प्रेमचंद
- आशा ही मानव जीवन का आधार है। सारा संसार ही आशा के कंधों पर टिका हुआ है और गति मिली है तो विश्वास की। आशावादी के चेहरे आपको सदैव हंसते और खिले-खिले से मिलेंगे और एक निराशावादी हमेशा रोता हुआ ही मिलेगा। —स्वेट मार्डेन
- आशा अमर है। उसकी आराधना कभी निष्फल नहीं होती। —महात्मा गांधी

आत्मा

- जैसे मनुष्य पुराने वस्त्र फेंक कर नए ग्रहण करता है, उसी प्रकार आत्मा भी पुराना शरीर छोड़कर नवीन शरीर को ग्रहण करती है। —गीता 2/22
- रस्मरिवाज से विवश होकर मनुष्य को बहुधा अपनी आत्मा के विरुद्ध आचरण करना पड़ता है। —प्रेमचंद (रंगभूमि)
- उस व्यक्ति को क्या लाभ जो सम्पूर्ण विश्व को प्राप्त कर ले, किन्तु स्वयं अपनी आत्मा को खो दे। —बाइबल
- समुद्रों से बड़ी एक चीज है और वह है आकाश। आकाश से बड़ी एक चीज है और वह है मनुष्य की आत्मा। —विक्टर हयूगो
- काम, क्रोध और लोभ—ये आत्मा का नाश करने वाले एक नरक के तीन दरवाजे हैं, अतः इन तीनों को त्याग देना चाहिए। —विदुरनीति 1/71
- विश्व में एक मूल्यवान् वस्तु केवल आत्मा है। —इमर्सन
- आत्मा परमात्मा का अंश मात्र है। —स्वामी विवेकानंद
- मैं वही करता हूं जो मेरी आत्मा कहती है। —हिटलर
- धन खोकर अगर हम अपनी आत्मा को पा सकें, तो यह कोई महंगा सौदा नहीं है। —प्रेमचंद, गोदान

- आत्मा को न तो शस्त्र काट सकते हैं, न आग जला सकती है। उसी प्रकार न तो इसको पानी गला सकता है और न वायु सुखा सकती है। यह आत्मा कभी न कटने वाली, न जलने वाली, न भीगने वाली और न सूखने वाली तथा नित्य सर्वव्यापी, स्थिर, अचल एवं सनातन है। —*वेदव्यास (महाभारत, भीष्म पर्व) 26/23-24*

आत्मविश्वास

- आत्मविश्वास सरीखा दूसरा मित्र नहीं। —*स्वामी विवेकानंद*
  आत्मविश्वास ही भावी उन्नति का मूल पाया है। —*स्वामी विवेकानंद*
- बड़े लोगों से प्राप्त सम्मान अपने गुणों में विश्वास उत्पन्न कर देता है। —*कालिदास, कुमार संभव*
- आत्मविश्वास का अर्थ है, अपने काम में अटूट श्रद्धा। —*महात्मा गांधी*
- आत्मविश्वास का अभाव ही सभी अन्धविश्वासों का जनक है। —*ओशो*
- महान् कार्य करने के लिए पहली जरूरी चीज है आत्मविश्वास। —*जानसन*
- यदि तुम अपने पर विश्वास कर सको, तो दूसरे प्राणी भी तुम में विश्वास करने लगेंगे। —*गेटे*
- आत्मविश्वास में वह अद्भुत शक्ति है, जिससे मनुष्य हजारों विपत्तियों का सामना अकेला कर सकता है। निर्धन मनुष्यों की सबसे बड़ी पूंजी और मित्र उनका आत्मविश्वास ही है। धनहीन होते हुए भी कितने ही मनुष्यों ने ऐसे काम किए हैं, जो धनवान् मनुष्य भी नहीं कर पाए। —*स्वेट मार्डेन*
- आत्मविश्वास रावण का सा नहीं होना चाहिए, जो समझता था कि मेरी बराबरी का कोई है ही नहीं। आत्मविश्वास होना चाहिए विभीषण जैसा, प्रह्लाद जैसा। उनके जी में यह भाव था कि हम निर्बल हैं, मगर ईश्वर हमारे साथ है और इससे हमारी शक्ति अनंत है। —*महात्मा गांधी*
- आत्मविश्वास सफलता का प्रथम रहस्य है। —*इमर्सन*
- आत्मविश्वास, आत्मज्ञान और आत्मसंयम। केवल ये तीन ही जीवन को परम शक्तिसंपन्न बना देते हैं। —*टेनीसन*
- पुराने धर्मों ने कहा कि नास्तिक वह है, जो ईश्वर में विश्वास नहीं करता। नया धर्म कहता है कि वह नास्तिक है, जो अपने आप पर विश्वास नहीं करता। —*स्वामी विवेकानंद*

आलोचना

- आलोचना की उपेक्षा कर पूर्ण शक्ति से उत्तम कार्य करो। —डेल कार्नेगी
- हम अपनी पीठ स्वयं नहीं देख सकते किन्तु अगर दूसरे इसे देखकर गन्दगी की बात हमें बताए, तो हम उसे भी नहीं सुनना चाहते। —महात्मा गांधी
- किसी की आलोचना मत करो जिससे तुम्हारी भी कोई आलोचना करे। —अब्राहम लिंकन
- आलोचक प्रायः वे ही व्यक्ति बनते हैं, जो कला और साहित्य के क्षेत्र में असफल रहते हैं। —डिजराइली
- हाथी अपने रास्ते चलता जाता है। कुत्ते भौंकते हैं, उन्हें भौंकने दो। —कबीर
- जब कोई मनुष्य किसी दूसरे के दोषों पर अंगुली उठाता है, तो उसे ध्यान रखना चाहिए कि उसकी शेष तीन अंगुलियां उसी की ओर संकेत कर रही होती हैं। —अज्ञात
- आलोचना को छोड़कर हर व्यवसाय सीखने में मनुष्य को अपना समय लगाना चाहिए क्योंकि आलोचक तो सब बने-बनाए ही हैं। —बायरन
- एक शेर को भी मक्खियों से रक्षा करनी पड़ती है। —जर्मन लोकोक्ति
- प्रत्येक व्यक्ति की बात सुनो परन्तु किसी से भी कुछ मत कहो। प्रत्येक व्यक्ति द्वारा निन्दा सुन लो पर अपना निर्णय सुरक्षित रखो। —शेक्सपीयर (हैमलेट)
- मेरे निन्दक सदा अमर रहें, जिनकी कृपा से मैं सावधान बना रहता हूं। —अज्ञात
- सही होने की अपेक्षा आलोचना करना कहीं सरल है। —डिजरायली

इच्छा

- इच्छाएं कभी तृप्त नहीं होतीं। अतः इनको नियंत्रित रखो। —स्वामी विवेकानंद
- धनहीन को धन की चाह, पशुओं को वाणी, मनुष्यों को स्वर्ण (ऐश्वर्य) की चाह और देवताओं को मोक्ष (मुक्ति) की इच्छा सदा रहती है। —चाणक्य नीति 5/18
- इच्छा से दुःख आता है। इच्छा से भय आता है। जो इच्छाओं से मुक्त है, वह न दुःख जानता है न भय। —भगवान बुद्ध
- मानव की आवश्यकता पूर्ण हो सकती है, इच्छा नहीं। यही ईश्वरीय नियम है। —जार्ज बर्नार्ड-शॉ

- यदि इच्छा ही घोड़ा बन सकती, तो प्रत्येक मनुष्य घुड़सवार हो जाता।
  —*शेक्सपीयर*
- समस्त भय और चिंता इच्छाओं का परिणाम हैं। —*स्वामी रामतीर्थ*
- मनुष्य जितना ही अधिक ज्ञानवान् और संकल्पवान् बनेगा उसकी इच्छाएं भी उसी अनुपात से पूर्ण होंगी। —*अथर्ववेद 19/4/2*
- जिसने अपनी इच्छाओं का दमन करके मन पर विजय और शांति पा ली है, चाहे वह राजा हो या रंक, उसे जगत् में सुख ही सुख है। —*हितोपदेश*
- हमारी इच्छाएं जितनी ही कम हों, उतने ही हम देवताओं के समीप हैं। —*सुकरात*
- गरीब वह नहीं है, जिसके पास धन कम है, बल्कि धनवान होते हुए भी जिसकी इच्छा कम नहीं हुई है, वह सबसे अधिक गरीब है। —*विनोबा भावे*
- विषय भोग की इच्छा विषयों का उपभोग करने से कभी शान्त नहीं हो सकती। घी की आहुति डालने से अधिक प्रज्ज्वलित होने वाली आग की भांति वह और भी बढ़ती ही जाती है। —*वेदव्यास (महाभारत, आदि पर्व)*
- इच्छा और आंसू जुड़वा बहनें हैं। —*साधु वासवानी*
- चाहने मात्र से कुछ नहीं प्राप्त हो सकता। इच्छा करने वालों और कर्म करने वालों में आकाश-पाताल का अन्तर होता है। केवल इच्छा तो कम उष्ण जल है, जो जीवन की गाड़ी को लक्ष्य स्थल तक नहीं पहुंचा सकती। हमारे अन्तःकरण में उद्देश्य पूरी तरह खौलना चाहिए। जब वह वाष्प की भांति हो जाएगा, तब जीवन की गाड़ी को लक्ष्य स्थल तक पहुंचा देगा। —*स्वेट मार्डेन*
- बाद में उत्पन्न होने वाली सारी इच्छाओं की पूर्ति करने की अपेक्षा पहली इच्छा का दमन कर देना कहीं सरल और श्रेयस्कर है। —*फ्रेंकलिन*
- इच्छा की प्यास कभी नहीं बुझती, न पूर्ण रूप से सन्तुष्ट होती है। —*सिसरो*
- मनुष्य की इच्छा उसके विवेक के द्वारा नियंत्रित होती है। —*शेक्सपीयर*
- इस संसार में इच्छा के बिना किसी मनुष्य का कोई काम कभी भी दिखाई नहीं देता। मनुष्य जो कुछ करता है, वह सब इच्छा के कारण। —*मनुस्मृति 2/4*

ईर्ष्या

- जैसे जंग लगने से लोहा खराब हो जाता है, वैसे ही ईर्ष्या के कारण मनुष्य नष्ट हो जाता है। —*यूनानी लोकोक्ति*
- ईर्ष्या असफलता का दूसरा नाम है। ईर्ष्या करने से अपना ही महत्त्व कम होता है। —*चाणक्य नीति*

- जिसके अन्दर ईर्ष्या की प्रवृत्ति जड़-मूल से नष्ट हो गयी है, वह हमेशा ही, दिन हो या रात मानसिक शांति का आनन्द अनुभव करेगा। *—धम्मपद*
- ईर्ष्या की सबसे अच्छी दवा है, उद्योग और आशा। *—रामचन्द्र शुक्ल, चिंतामणि*
- गरीबों में अगर ईर्ष्या है तो स्वार्थ के लिए या पेट के लिए, जबकि बड़े आदमियों की ईर्ष्या केवल आनन्द के लिए है। *—प्रेमचंद (गोदान)*
- ईर्ष्यालु मनुष्य स्वयं ही ईर्ष्याग्नि में जला करता है। उसे और जलाना व्यर्थ है। *—शेख़सादी*
- मनुष्य से मनुष्य को जितनी ईर्ष्या होती है, उतनी संभवतः यमराज को भी नहीं। *—रवीन्द्रनाथ ठाकुर*
- ईर्ष्या मनुष्य को ठीक उसी प्रकार खा जाती है, जिस प्रकार कपड़े को कीड़ा खा जाता है। *—श्रीराम शर्मा आचार्य*
- प्रायः समान विद्या वाले लोग एक-दूसरे के यश से ईर्ष्या करते हैं। *—कालिदास*
- दूसरे की सम्पत्ति देखकर मन में ईर्ष्या का भाव रखने वाले दुर्बल हो जाते हैं। *—होरेस*
- ईर्ष्या करने वाले का सबसे बड़ा शत्रु उसकी ईर्ष्या है। *—संत तिरूवल्लुवर*
- सबकी उन्नति में ही अपनी उन्नति जान कर कभी किसी के साथ ईर्ष्या न करो। *—अथर्ववेद 1/18/1*
- जो केवल अपने कार्य पर ध्यान लगाता है, वह ईर्ष्या करने का समय नहीं पाता। क्योंकि ईर्ष्या एक सक्रिय उत्तेजना है। यह एक स्थान पर स्थिर नहीं रहती। *—फ्रांसिस बेकन*
- ईर्ष्यालु मनुष्य दूसरों की सुख-समृद्धि देखकर दुबला हो जाता है। *—लेटिन लोकोक्ति*
- हत्यारे की कुल्हाड़ी की तुलना में ईर्ष्या की धार दो गुनी तेज होती है। *—शेक्सपीयर*
- ईर्ष्या उस बिच्छू की तरह है, जो ज्वाला से घिर गया हो। अपने आपको ही डंक मारती हुई मिट जाती है। *—लुकमान*
- शान्त मन, तन का जीवन है परन्तु मन के जलने से हड्डियां भी जल जाती हैं। *—नीतिवचन 14/30 (बाइबल)*
- केवल ईर्ष्या ही वह भावना है, जो शांत नहीं रहती बल्कि हमेशा किसी-न-किसी कारण से उत्तेजित होती रहती है। *—सैम्युअल जॉनसन*

ईमानदारी

- ईमानदार मनुष्य स्वभावतः स्पष्टभाषी होता है। उसे अपनी बातों में नमक-मिर्च लगाने की जरूरत नहीं होती। —प्रेमचंद
- ईमानदार होना दस हजार में एक होना है। —शेक्सपीयर
- ईमानदारी के बराबर और कोई भी गुण अभी तक संसार में खोजा नहीं जा सका। असंख्य लोग ईमानदारी की बजाय धोखे के नकली सिक्के को चलाने में अपने जीवन को बिगाड़ चुके हैं। —स्वेट मार्डेन
- आदमी को चाहिए कि वह पहले ईमानदार और सज्जन बने। बाद में शिष्टाचार और संतोष की पालिश चढ़ाए। —कन्फ्यूशियस
- ईमानदारी सर्वोत्तम नीति है। —अंग्रेजी लोकोक्ति
- ईमानदार मनुष्य ईश्वर की सर्वोत्तम रचना है। —अलेक्जेंडर पोप
- बड़ी-से-बड़ी सम्पत्ति ईमानदारी के सामने तुच्छ है। —शेक्सपीयर
- जो व्यक्ति छोटे कामों को ईमानदारी से करता है, वही बड़े कामों को ईमानदारी से कर सकता है। —सैम्युअल स्माइल्स
- यथार्थता और ईमानदारी दोनों सगी बहनें हैं। —इमर्सन
- मनुष्य की प्रतिष्ठा ईमानदारी पर ही निर्भर है। —श्रीराम शर्मा आचार्य
- प्रसिद्ध होने की बजाय ईमानदार होना अधिक अच्छा है। —थ्योडोर रूजवेल्ट

ईश्वर

- दुःखी आशा से ईश्वर में भक्ति रखता है, सुखी भय से। दुःखी पर जितना ही अधिक दुःख पड़े, उसकी भक्ति बढ़ती जाती है। सुखी पर दुःख पड़ता है, तो वह विद्रोह करने लगता है। वह ईश्वर को भी अपने धन के सामने झुकाना चाहता है।
  —प्रेमचंद (कर्मभूमि)
- जो ईश्वर की आराधना के साथ-साथ पुरुषार्थ करते हैं उनके दुःख और दारिद्र्य दूर होते हैं और ऐश्वर्य बढ़ता है। —ऋग्वेद 5/82/4
- ईश्वर उन्हीं की सहायता करता है जो स्वयं अपनी सहायता करते हैं। —अज्ञात
- ईश्वर न काबा में है, न काशी में। वह तो घर-घर में व्याप्त है—हर दिल में मौजूद है। —महात्मा गांधी

- जहाज किसी भी दिशा में क्यों न जाए, कम्पास की सूई उत्तर दिशा ही दिखाती है। इस कारण जहाज को दिशाभ्रम नहीं होता। इसी प्रकार मनुष्य का मन यदि भगवान की ओर रहे तो फिर उसे कोई डर नहीं। —**श्री रामकृष्ण परमहंस**
- भगवान दुःखियों से अत्यंत स्नेह करते हैं। —**जयशंकर प्रसाद, कंकाल**
- ईश्वर का दाहिना हाथ कोमल, परंतु बायां बहुत कठोर है। —**रवीन्द्रनाथ ठाकुर**
- ईश्वर के दो निवास स्थान हैं—एक बैकुंठ में और दूसरा नम्र और कृतज्ञ हृदय में। —**आइजक वाट्सन**
- ईश्वर से अधिक निकटतम कोई वस्तु नहीं है। —**स्वामी रामतीर्थ**
- मनुष्य का जितना लौकिक कामनाओं, धन आदि के लिए तथा स्त्री आदि के प्रति प्रेम होता है उतना ही यदि वह ईश्वर से प्रेम करे, तो निःसन्देह संसार से रक्षा और परमानन्द की प्राप्ति हो सकती है। —**सामवेद 375**
- अन्तःकरण यदि मलिन और अपवित्र बना रहे, तो परमात्मा की उपासना भी फलवती न होगी। अतः ईश्वर की उपासना निष्पाप हृदय से करें। —**ऋग्वेद 8/61/11**
- ईश्वर सत्य है और प्रकाश उसकी छाया है। —**प्लेटो**
- आदमी जितना असमर्थ है, भगवान उतना ही समर्थ है। उसकी कृपा अपरम्पार है और वह हज़ार हाथों से मदद करता है। —**महात्मा गांधी**
- जिसने सुख में तो ईश्वर को कभी स्मरण नहीं किया और दुःख में याद किया, ऐसे दास की प्रार्थना कौन सुने अर्थात् भगवान उसी की सुनते हैं, जो सुख और दुःख में समान भाव से रहता है। —**कबीर**
- जैसे पिता अपने प्रिय पुत्र को ताड़ना देता है, वैसे ही प्रभु उस मनुष्य को ताड़ना देता है जिससे वह प्रेम करता है। —**नीतिवचन 3/12 (बाइबल)**
- धन और ईश्वर में बनती नहीं। गरीब के घर में ही प्रभु निवास करते हैं। —**महात्मा गांधी**
- ईश्वर-विश्वास बहुत बड़ी शक्ति है। हमें इस शक्ति से वंचित नहीं रहना चाहिए। —**अज्ञात**
- हर तरह की तारीफ अल्लाह (ही) के लिए है, जो सारे संसार का पालनहार (रब) है, निहायत दयावान, बेहद मेहरबान है। —**कुरान शरीफ**
- जो ईश्वर को पा लेता है, मूक और शांत हो जाता है। —**श्रीरामकृष्ण परमहंस**
- जैसे दूध में मौजूद होते हुए भी घी दिखाई नहीं देता, फूल में गंध होती है पर दिखाई नहीं देती, हमें अपनी बुराई और दूसरे की भलाई दिखाई नहीं देती, बीज में छिपा वृक्ष दिखाई नहीं देता, शरीर में होने वाली पीड़ा दिखाई नहीं देती, वैसे ही सर्वत्र व्याप्त और विद्यमान रहने वाला परमात्मा भी दिखाई नहीं देता। —**अज्ञात**

- जैसे मछली को पानी प्रिय लगता है, लोभी को धन और माता को अपना बालक प्रिय लगता है, वैसे ही भक्त को ईश्वर प्रिय लगता है। —*कबीर*
- हमारी गाड़ी चलाने वाला ईश्वर है। उसमें बैठे हम लोग जब तक श्रद्धा रखेंगे, वह जरूर चलती रहेगी। —*महात्मा गांधी*

उपदेश

- हम उपदेश सुनते हैं मन भर, देते हैं टन भर, ग्रहण करते हैं कण भर। —*अलजर*
- उपदेश से मूर्ख का क्रोध और भी भड़क उठता है, शान्त नहीं होता। जैसे सांप को दूध पिलाने से विष ही बढ़ता है। —*विष्णु शर्मा, पंचतंत्र*
- वही उन्नति कर सकता है, जो स्वयं अपने को उपदेश देता है। —*स्वामी रामतीर्थ*
- अपना पेट भरा हो तो भूखे को उपदेश देना बहुत सरल है। —*इतालवी लोकोक्ति*
- मनुष्य को चाहिए कि यदि दीवार पर भी उपदेश लिखा हुआ मिले तो उसे ग्रहण करे। —*शेख़ सादी*
- अपने सुख के लिए दूसरे को उपदेश देना सबसे बड़ा पाप है। —*पं. जवाहरलाल नेहरू*
- दूसरों को उपदेश देने में तो बहुत लोग निपुण होते हैं, पर ऐसे लोग अधिक नहीं, जो उपदेश के अनुसार आचरण भी करते हैं। —*गोस्वामी तुलसीदास*
- चींटी से अच्छा कोई उपदेश नहीं दे सकता और वह मौन रहती है। —*फ्रेंकलिन*
- प्रत्येक उपदेश सुनो, परन्तु अपना उपदेश कुछ ही व्यक्तियों को दो। —*शेक्सपीयर*
- जिसे हर कोई देने को तैयार रहता है पर लेता कोई नहीं, ऐसी वस्तु क्या है? उपदेश, सलाह। —*स्वामी रामतीर्थ*
- दूसरों को उपदेश देते समय सभी शिष्ट बन जाते हैं, परन्तु अपना कार्य आने पर शिष्टता भूल जाते हैं। —*अज्ञात*
- उपदेश से स्वभाव नहीं बदला जा सकता। गरम किया हुआ पानी फिर शीतल हो जाता है। —*पंचतंत्र*
- उदाहरण प्रस्तुत करना उपदेश देने से अच्छा है। —*अंग्रेजी लोकोक्ति*

उत्साह

❒ बिना उत्साह के कोई महान् उपलब्धि कभी नहीं हुई। *–इमर्सन*

❒ उत्साही के लिए लोकों में कुछ भी दुर्लभ नहीं। *–वाल्मीकि रामायण*

❒ आपत्ति और कष्ट में भी बुद्धिमान उत्साह नहीं छोड़ते। *–सोमदेव*

❒ उत्साहहीनता एक ऐसा भयानक रोग है, जिससे हमारा मस्तिष्क विषमय होकर अपनी योग्यता का नाश कर बैठता है। *–स्वेट मार्डेन*

❒ उत्साही पुरुषों के शत्रु भी वश में हो जाते हैं, उत्साहहीन पुरुषों से भाग्य दूर हो जाता है। *–कौटिल्य*

❒ उत्साह सफलता को निमंत्रण देता है। *–अरविंद*

❒ जो पुरुष निरुत्साह, दीन और शोकाकुल रहता है, उसके सब काम बिगड़ जाते हैं और वह अनेक विपत्तियों में फंस जाता है। *–वाल्मीकि रामायण*

❒ दुःख के वर्ग में जो स्थान भय का है, वही स्थान आनन्द वर्ग में उत्साह का है। *–रामचन्द्र शुक्ल, चिंतामणि*

❒ केवल काम करना उत्साह नहीं, केवल कष्ट सहना उत्साह नहीं, केवल प्रसन्न रहना उत्साह नहीं, बल्कि काम करते-करते बीच में आने वाले कष्ट को सहते हुए प्रसन्न रहना और फिर भी काम करते जाना उत्साह है। *–स्वेट मार्डेन*

❒ जिनके हृदय में उत्साह होता है, वे पुरुष कठिन-से-कठिन कार्य आ पड़ने पर हिम्मत नहीं हारते। *–रामायण (किष्किन्धाकाण्ड)*

उन्नति

❒ प्रत्येक को अपनी ही उन्नति में सन्तुष्ट न रहना चाहिए किन्तु सबकी उन्नति में ही उन्नति समझनी चाहिए। *–ऋषि दयानन्द*

❒ अपनी उन्नति चाहने वाले पुरुषों को वही वस्तु खानी चाहिए, जो खाने योग्य हो तथा खायी जा सके, खाने पर पच सके और पच जाने पर हितकारी हो। *–विदुरनीति 1/14*

❒ महापुरुष वही है जो अपनी उन्नति के साथ-साथ सभी लोगों की उन्नति की कामना करता है। *–अज्ञात*

❒ मेल-मिलाप उन्नति की आत्मा है। *–वक्सटन*

- बिना शारीरिक उन्नति के आध्यात्मिक उन्नति असंभव है। —*श्रीरामकृष्ण परमहंस*
- वही मनुष्य उन्नति कर सकता है, जो स्वयं को उपदेश देता है। —*स्वामी रामतीर्थ*
- हमारी सबसे बड़ी शान कभी न गिरने में नहीं है बल्कि जब-जब हम गिरें, हर बार उठने में है। —*कन्फ्यूशियस*
- जो मनुष्य अपनी उन्नति चाहता है, उसे चाहिए कि वह दूसरों के गुण देखने की आदत डाले। —*अज्ञात*
- मैं संस्कारों में विश्वास नहीं करता, स्वाभाविक उन्नति का विश्वासी हूं। —*स्वामी विवेकानंद*
- उन्नति चाहने वाले पुरुषों को नींद, तन्द्रा, डर, क्रोध, आलस्य तथा जल्दी हो जाने वाले काम में अधिक देर लगने की आदत—इन छह दुर्गुणों को त्याग देना चाहिए। —*विदुरनीति 1/83*

उद्देश्य

- जो व्यक्ति अपने सामने ऊंचा उद्देश्य रखता है, वह अवश्य ही एक दिन उसे पूर्ण करने में सफल होता है, लेकिन इसके लिए आवश्यक है कि वह अपने लक्ष्य पथ पर तीव्र वेग से निरन्तर बढ़ता चला जाए। इसके विपरीत, जो व्यक्ति अपने सामने कोई बड़ा उद्देश्य नहीं रखता, वह जीवन भर केंचुए की ही चाल में रेंगता रह जाता है। —*इमर्सन*
- यदि उद्देश्य शुभ न हो तो ज्ञान पाप हो जाता है। —*पोप*
- उन्नति और आगे बढ़ना प्रत्येक जीवात्मा का उद्देश्य है। —*अथर्ववेद (5/30/7)*
- जो नाविक अपनी यात्रा के अंतिम बंदरगाह को नहीं जानता, उसके अनुकूल हवा कभी नहीं बहती। —*लोकोक्ति*
- उद्देश्यहीन व्यक्ति ही जीवन में भयंकर रूप से असफल होते हैं, क्योंकि उद्देश्यहीन होने पर वह न तो काम में रुचि लेते हैं और न पूरे दिल से काम ही करते हैं। उनका मन हमेशा चंचल रहता है और इसलिए वह दृढ़ता से काम में नहीं लगे रह सकते। —*स्वेट मार्डेन*
- महापुरुष वही हैं, जिनके उद्देश्य महान् होते हैं। —*ईमन्स*
- महान् उद्देश्य से शासित व्यक्ति को भाग्य नहीं रोक सकता। —*अज्ञात*
- कार्य जिस उद्देश्य से किया जाता है, वही महत्त्वपूर्ण होता है। —*जवाहरलाल नेहरू*

- धारणा की दृढ़ता और उद्देश्य की पवित्रता ये दोनों मिलकर अवश्य बाजी मार लेते हैं। —*स्वामी विवेकानंद*
- जीवन का उद्देश्य यदि सिर्फ जीवन का निर्वाह करना ही है, तो यह उद्देश्य दो कौड़ी का है। ऐसा तो पशु-पक्षी भी कर रहे हैं, फिर हममें और पशु-पक्षियों में अन्तर क्या रहा? —*अज्ञात*

एकाग्रता

- यदि जीवन में प्रगति करने और बुद्धिमानी की कोई बात है, तो वह एकाग्रता है और यदि कोई खराब बात है, तो वह है अपनी शक्तियों को बिखेर देना। —*इमर्सन*
- जबरदस्त एकाग्रता के बिना कोई मनुष्य सूझ-बूझ वाला, आविष्कारक, मौलिक या शोधकर्ता नहीं हो सकता। —*स्वेट मार्डेन*
- जिसका चित्त एकाग्र नहीं है, वह सुन कर भी कुछ नहीं समझता। —*नारद पुराण*
- प्रत्येक कार्य पर विजय पाने के लिए एकाग्रचित होना आवश्यक है। —*मार्ले*
- एकाग्रता एक उपयोगी, निरापद, निश्चित, लाभदायक और प्राप्त करने योग्य गुण है। —*चार्ल्स डिकेन्स*
- चित्त एकाग्र हुए बिना ध्यान और समाधि कठिन है। —*मनुस्मृति*
- यदि चित्त एकाग्र होगा, तो फिर सामर्थ्य की कभी कमी न पड़ेगी। साठ वर्ष के बूढ़े होने पर भी किसी नौजवान की तरह तुममें उत्साह और सामर्थ्य दीख पड़ेगी।
  —*विनोबा भावे*
- यदि जीवन में बुद्धिमानी की कोई बात है तो वह एकाग्रता है। —*इमर्सन*
- किसी विषय पर मन को एकाग्र करने का नाम ही ध्यान है। किसी एक विषय पर भी मन की एकाग्रता हो जाने से वह एकाग्रता जिस विषय पर चाहो उस पर लगा सकते हो। —*स्वामी विवेकानंद*
- सफल और असफल होने वालों के बीच कोई अंतर नहीं होता। केवल यह अन्तर होता है कि एक केवल शारीरिक परिश्रम करता है और दूसरा कार्य को बुद्धि और ध्यान एकाग्र करके करता है। —*स्वेट मार्डेन*
- अपनी अभिलाषाओं को वशीभूत कर लेने पर, मन को जितनी देर तक चाहो एकाग्र किया जा सकता है। —*स्वामी रामतीर्थ*
- अनिश्चितमना पुरुष भी मन को एकाग्र करके जब सामना करने को खड़ा होता है तो आपत्तियों का लहराता हुआ समुद्र भी दबकर बैठ जाता है। —*तिरुवल्लुवर*

- मन और इन्द्रियों की एकाग्रता ही परम तप है। उनका जप सब धर्मों से महान् है।
  —*आदिगुरु शंकराचार्य*
- विश्व के हर काम में यश प्राप्त करने के लिए एकाग्रचित होना आवश्यक है।
  —*मोली*
- एकाग्रता से विनय प्राप्त होती है। —*चार्ल्स बक्सन*
- अपने सामने एक ही साध्य रखना चाहिए। उस साध्य के सिद्ध होने तक दूसरी किसी बात की ओर ध्यान नहीं देना चाहिए। रात-दिन सपने तक में उसी की धुन रहे, तभी सफलता मिलती है। —*स्वामी विवेकानंद*

कर्म/काम

- उस काम का करना अच्छा नहीं, जिसे करके पीछे पछताना पड़े और जिसका फल रोते-बिलखते भोगना पड़े। उसी काम को करना ठीक है, जिसे करके पीछे पछताना न पड़े और जिसका फल मनुष्य प्रसन्नचित होकर ग्रहण करे। —*भगवान बुद्ध*
- कर्म सदैव भले ही सुख न ला सकें, पर कर्म के बिना सुख नहीं मिलता।
  —*डिज़रायली*
- काम करके कुछ उपार्जन करना शर्म की बात नहीं। दूसरों का मुंह ताकना शर्म की बात है। —*प्रेमचंद, कर्मभूमि*
- जो कार्य बल अथवा पराक्रम से पूर्ण नहीं हो पाता, उपाय द्वारा वह सरलता से पूर्ण हो सकता है। —*हितोपदेश*
- अव्यवस्थित कार्य करने वालों को जन में या वन में कहीं भी सुख की प्राप्ति नहीं है, क्योंकि जन अपने संसर्ग से जलाते और वन अपनी निर्जनता को जलाता है।
  —*चाणक्य नीति 13/16*
- समुद्र को यद्यपि कोई कामना नहीं होती तो भी अनेकों नदियां उसमें लीन होती रहती हैं। उसी प्रकार उद्योगी पुरुषों की सेवा सदैव लक्ष्मी करती हैं अर्थात् जो सदैव उद्योग करते हैं उन्हें कभी धन का अभाव नहीं सताता। —*ऋग्वेद 6/19/5*
- कोई भी व्यक्ति कार्य को सर्वोत्तम रूप में नहीं कर सकता, जब तक कि वह उसमें अपनी संपूर्ण योग्यता और पूरी सामर्थ्य नहीं लगा देता। —*स्वेट मार्डेन*
- शुभ कार्य करने से सुख और पाप कर्म करने से दुःख मिलता है, अपना किया हुआ कर्म सर्वत्र ही फल देता है, बिना किए हुए कर्म का फल कहीं नहीं भोगा जाता है।
  —*वेदव्यास*

- सब कुछ जानते हुए भी जो मनुष्य बुरे काम में प्रवृत्त हो जाए, वह मनुष्य नहीं गधा है। —*विष्णु शर्मा, पंचतंत्र*
- आदमी काम की अधिकता से नहीं, उसे भार समझकर अनियमित रूप से करने पर थकता है। —*श्रीराम शर्मा आचार्य*
- प्रत्येक अच्छा कार्य पहले असम्भव होता है। —*कार्लाइल*
- जो काम कल करना है, वो आज करो और जो काम आज करना है, वह अभी कर लो। क्षण भर में यदि प्रलय (मृत्यु) हो गई तो फिर बाकी पड़ा हुआ काम कब करोगे? —*कबीर*
- जब हम कोई काम करने की इच्छा करते हैं, तो शक्ति आप ही आ जाती है। —*प्रेमचंद, गबन*
- आवेश शांत होने पर जो काम किया जाता है, वह फलदायी होता है। —*महात्मा गांधी*
- जो सिर्फ काम की बात करते हैं, वे अवश्य सफल होते हैं। —*डेल कारनेगी*
- बड़े कार्य छोटे कार्यों से आरंभ करने चाहिए। —*शेक्सपीयर*
- कार्य की अधिकता से उकताने वाला व्यक्ति कभी कोई बड़ा कार्य नहीं कर सकता। —*अब्राहम लिंकन*
- मनुष्य को कर्म करते हुए सौ वर्ष जीने की इच्छा करनी चाहिए। —*इशोपनिषद्*
- कोई भी मनुष्य उस काम को करने में समर्थ हो सकता है, जिसे कोई अन्य मनुष्य कर चुका है। —*डॉ. युंग*
- कर्म वह दर्पण है, जिसमें हमारा प्रतिबिम्ब दिखता है। —*विनोबा भावे*
- कर्म करने में ही तुम्हारा अधिकार है, फल में नहीं। तुम कर्मफल प्राप्ति का कारण मत बनो और न अपनी प्रवृत्ति कर्म न करने में रखो। —*श्रीमद्भगवद् गीता*
- अच्छे कामों की सिद्धि में बड़ी देर लगती है, पर बुरे कामों की सिद्धि में यह बात नहीं होती। —*प्रेमचंद, मानसरोवर*
- अधूरा काम और अपराजित शत्रु, ये दोनों बिना बुझी हुई चिनगारियों की तरह हैं। —*तिरुवल्लुवर*
- बिना काम किए सड़ जाने से बेहतर यह है कि काम करते-करते घिस जाएं। —*रिचर्ड कंबरलैण्ड*
- अपने से हो सके वह काम, दूसरे से नहीं करवाना चाहिए। —*महात्मा गांधी*
- उद्यम करने से ही कार्य सिद्ध होते हैं, मात्र इच्छा करने से नहीं। —*हितोपदेश*
- फल को सामने रखकर ही कर्म में प्रवृत्त होने वाले एक प्रकार से दीन होते हैं। —*महाभारत*

- कर्म करना जीवन के आनन्द के लिए आवश्यक है। कर्म करते समय मनुष्य अपने दुःख को भी भूल जाता है। ***–स्वामी रामतीर्थ***
- पहले सब चीजें देखकर कोई कार्य आंरभ करें। आरम्भ न करना अच्छा, पर आरम्भ करके छोड़ना अच्छी बात नहीं। ***–बोधिचर्या***

कला

- जो कला आत्मा को आत्मदर्शन करने की शिक्षा नहीं देती, वह कला ही नहीं है। ***–महात्मा गांधी***
- साहित्य, संगीत और कला से विहीन पुरुष पूंछ और सींग से रहित साक्षात् पशु है। ***–भर्तृहरि, नीतिशतक***
- जीवन का रहस्य कला में है। ***–आस्कर वाइल्ड***
- कला का अन्तिम और सर्वोच्च ध्येय सौंदर्य है। ***–गेटे***
- दर्शन तर्क-वितर्क कर सकता है और शिक्षा दे सकता है, धर्म उपदेश दे सकता है और आदेश दे सकता है, किंतु कला केवल आनन्द देती है और प्रसन्न करती है। ***–राधाकृष्ण (रवीन्द्र दर्शन)***
- कला विचार को मूर्ति में परिवर्तित कर देती है। ***–इमर्सन***
- कला केवल यथार्थ की नकल का नाम नहीं है। कला दीखती तो यथार्थ है, पर यथार्थ होती नहीं। उसकी खूबी यही है कि वह यथार्थ मालूम हो। ***–प्रेमचंद***
- अध्ययन की कला होती है, चिंतन की भी कला होती है और लेखन की भी कला होती है। ***–आइज़क डिज़राइली***
- कलाविहीन मनुष्य पूंछ कटे जानवर के समान हैं। ***–सुभाषित***
- मनुष्य अपने प्रिय और अप्रिय भावों की अभिव्यक्ति देने के लिए विवश हो उठता है और उसकी वही कामना कला के रूप में साकार हो उठती है। कला के रूप में मानव स्वयं की अभिव्यक्ति करता है। ***–रवीन्द्रनाथ ठाकुर***
- जो अंतर को देखता है, बाह्य को नहीं, वही सच्चा कलाकार है। ***–महात्मा गांधी***
- समस्त कला अनुकरण मात्र है। ***–अरस्तू***
- मानव की बहुमुखी भावनाओं का प्रबल प्रवाह जब रोके नहीं रुकता, तभी वह कला के रूप में फूटता है। ***–रस्किन बांड***
- कला जीवन का रस है। ***–अमृतलाल नागर***

- जो कला जनता के हित में न होकर केवल गिने-चुने भाग्यवानों के लिए होती है, वह निरुपयोगी है। —*अज्ञात*
- वह कभी भूखा नहीं मरता, जिसके हाथ में एक भी कला है। —*हिन्दी लोकोक्ति*

कायरता

- कायर तभी धमकी देता है, जब वह सुरक्षित होता है। —*गेटे*
- पराधीन रहना सबसे बड़ी कायरता है। वह मनुष्य हमेशा दुखी रहता है और आसानी से अपना कल्याण नहीं कर सकता जो दूसरों पर आश्रित हो। —*सुभाषचन्द्र बोस*
- पशु बल जिसके पास जितना अधिक होता है, वह उतना ही अधिक कायर बन जाता है। —*महात्मा गांधी*
- यह संसार कायर पुरुषों के लिए नहीं है। —*विवेकानंद*
- जो दूसरों की आजादी छीनता है वास्तव में वही कायर है। —*अब्राहम लिंकन*
- कायर पुरुष अपनी मृत्यु से पूर्व ही अनेक बार मृत्यु का अनुभव कर चुकते हैं किन्तु वीर कभी भी एक बार से अधिक नहीं मरते। —*शेक्सपीयर*
- विजय के सन्मुख पहुंचकर कायर भी वीर हो जाते हैं जैसे घर के समीप पहुंचकर थके हुए पथिक के पैरों में भी पर लग जाते हैं। —*प्रेमचंद, कायाकल्प*
- कायर का जीना झूठा है, जो केवल डरना जानता है। सच्चा जीवन वीरों का है, जो मरना जानते हैं। —*अज्ञात*
- मैं कायरता को किसी दशा में सहन नहीं कर सकता। आप कायरता से मरें, इसकी अपेक्षा आपका बहादुरी से प्रहार करते हुए और प्रहार सहते हुए मरना मैं कहीं बेहतर समझूंगा। —*महात्मा गांधी*
- भय जब स्वभावगत हो जाता है, तब कायरता या भीरुता कहलाता है। —*रामचन्द्र शुक्ल*

क्रोध

- क्रोधी मानव का स्वभाव ऐसे तिनके के समान होता है, जिसे क्रोध की आंधी कभी भी उड़ा ले जा सकती है। —*शेक्सपीयर*

- क्रोध में आदमी अपने मन की बात नहीं कहता। वह केवल दूसरे का दिल दुखाना चाहता है। ***—प्रेमचंद, प्रेमाश्रम***
- जो मनुष्य अपने क्रोध को अपने ही ऊपर झेल लेता है, वह दूसरों के क्रोध से बच जाता है। ***—सुकरात***
- हम कीड़े-मकोड़ों और रेंगने वाले जन्तुओं को तो मार डालते हैं, पर अपने सीने से छिपे हुए क्रोध को नहीं मारते जो सचमुच मारने की चीज है। ***—महात्मा गांधी***
- क्रोध करने से पहले उसके परिणामों पर विचार करो। ***—कनफ्यूशियस***
- जो क्रोध उत्तेजित होने पर मन को शांति की दिशा में मोड़ सकता है, उसे मैं सारथी कहता हूं। ***—भगवान बुद्ध***
- जन्नत उन लोगों के लिए है, जो अपने गुस्से को काबू में रखते हैं। ***—हजरत मुहम्मद***
- मूर्ख मनुष्य अपने क्रोध को जोर-शोर से प्रकट करता है, किन्तु बुद्धिमान मनुष्य शांति से क्रोध को वश में करता है। ***—नीतिवचन 29/11 (बाइबल)***
- शत्रु अधिक बलशाली हो तो क्रोध प्रकट न करें, शांत हो जाएं। ***—विष्णु शर्मा, पंचतंत्र***
- क्रोधी व्यक्ति हमसे सदैव वैसे ही दूर रहे, जैसे पक्षियों को उड़ा देने से वे दूर चले जाते हैं, क्योंकि क्रोधी व्यक्ति के पास रहने से स्वभाव उलटा हो जाता है और धर्म की हानि होती है। ***—ऋग्वेद 1/25/4***
- सज्जनों का क्रोध जल पर अंकित रेखा के समान है, जो शीघ्र ही विलुप्त हो जाती है। ***—रामकृष्ण परमहंस***
- क्रोध का हमें तभी पता चलता है जब हम कर चुक होते हैं। ***—ओशो***
- उबलते हुए जल में जिस प्रकार हम अपना प्रतिबिम्ब नहीं देख सकते, उसी प्रकार हम क्रोधी बनकर नहीं समझ सकते कि हमारी भलाई किस बात में है? ***—भगवान बुद्ध***
- जिसके चित्त में कभी क्रोध नहीं आता और जिसके हृदय में सर्वदा परमेश्वर विराजमान रहता हो, वह व्यक्ति ईश्वर तुल्य है। ***—सूरदास***
- गुस्से का बेहतरीन इलाज ख़ामोशी है। ***—स्वामी विवेकानंद***
- क्रोध सदैव मूर्खता से शुरू होता है और पश्चात्ताप पर समाप्त। ***—अरस्तू***
- वे महान् पुरुष धन्य हैं जो अपने उठे हुए क्रोध को अपनी बुद्धि के द्वारा उसी प्रकार रोक देते हैं जैसे दीप्त अग्नि को जल से रोक दिया जाता है। ***—वाल्मीकि रामायण, सुन्दरकाण्ड***
- आदमी की तमाम कामनाएं तुरन्त पूरी हो जातीं यदि वह अपने क्रोध को दूर कर दे। ***—तिरुवल्लुवर***

- क्रोध एक क्षणिक पागलपन है। इसे वश में करो, नहीं तो वह तुम्हें वश में कर लेगा। ***—होरेस***
- जिस क्रोधाग्नि को तुम शत्रु के लिए प्रज्ज्वलित करते हो, वह बहुधा तुम्हें ही अधिक जलाती है। ***—चीनी लोकोक्ति***
- किसी के प्रति मन में क्रोध लिए रहने की अपेक्षा उसे तुरंत प्रकट कर देना अधिक अच्छा है, जैसे क्षण भर में जल जाना देर तक सुलगने से अधिक अच्छा है। ***—वेदव्यास***
- क्रोध करने का अर्थ है दूसरों की गलतियों का अपने से बदला लेना। ***—पोप***
- देवता, सद्गुरु, गाय, राजा, ब्राह्मण, बालक, वृद्ध और रोगी पर क्रोध आ जाए, तो उसे रोक लेना चाहिए। ***—हितोपदेश***
- क्रोध से मनुष्य उसकी ही बेइज़्ज़ती नहीं करता जिस पर क्रोध करता है, बल्कि स्वयं अपनी प्रतिष्ठा भी गंवाता है। ***—महात्मा गांधी***
- मूर्खों को ही क्रोध होता है, ज्ञानियों को नहीं। ***—विष्णुपुराण***
- जो मन की पीड़ा को स्पष्ट रूप से कह नहीं सकता, उसी को क्रोध अधिक आता है। ***—रवीन्द्रनाथ ठाकुर***
- क्रोध से कीर्ति नष्ट होती है और क्रोध स्थिर लक्ष्मी का भी नाशक है। ***—मत्स्यपुराण 157/4***

ख्याति

- ख्याति-प्रेम वह प्यास है जो कभी नहीं बुझती, वह अगस्त्य ऋषि की भांति सागर को पीकर भी शांत नहीं होती। ***—प्रेमचंद, मानसरोवर***
- यदि तुम चाहते हो कि तुम्हारे मरते ही संसार तुम्हें न भूल जाए तो या तो पढ़ने योग्य रचनाओं की सृष्टि करो या वर्णन करने योग्य कर्म करो। ***—बेंजामिन फ्रैंकलिन***
- बुद्धि, कुलीनता, इन्द्रिय निग्रह, शास्त्र ज्ञान, पराक्रम, अधिक न बोलना, शक्ति के अनुसार दान और कृतज्ञता—ये आठ गुण पुरुष की ख्याति बढ़ा देते हैं। ***—विदुर नीति 1/104***
- सुदृढ़ मीनारें नष्ट हो जाती हैं, परन्तु यश चिरंजीवी है। ***—पार्क बेंजमिन***
- जिसकी कीर्ति नष्ट हो गई, उसका जीवन ही नष्ट हो जाता है। ***—वेदव्यास, (महाभारत)***

- जो मनुष्य लगातार उन्नति करने का यत्न करता है, उसकी ख्याति फैल जाती है। यह ख्याति भी बहुत लाभदायक होती है। इससे दूसरे लोग समझने लगते हैं कि यह व्यक्ति धन का पक्का है, मेहनती है, नेक है। यह प्रसिद्धि भी एक प्रकार की पूंजी ही है। —*स्वेट मार्डेन*
- यशस्वी एवं कीर्तिवान मनुष्य ही वास्तव में जीवित है। —*अज्ञात*
- प्रसिद्धि सफेद वस्त्र के सदृश्य है, जिस पर एक धब्बा भी नहीं छिप सकता।
 —*प्रेमचंद, रंगभूमि*
- महत्त्वाकांक्षी के लिए प्रसिद्धि खारे जल के समान है। जितना ही वह पीता है, उसकी पिपासा उतनी ही बढ़ती है। —*इबर्स*
- देवता, पितर, मनुष्य, संन्यासी और अतिथि—इन पांचों की पूजा करने वाला मनुष्य शुद्ध यश प्राप्त करता है। —*वेदव्यास, महाभारत*
- प्रसिद्धि मृतक के हृदय पर खिला हुआ फूल है। —*मदर वेल*
- अपने नाम से प्रसिद्ध होने वाला उत्तम है। पिता के नाम से प्रसिद्ध होने वाला मध्यम है। मामा के नाम से प्रसिद्ध होने वाला अधम है। श्वसुर के नाम से प्रसिद्ध होने वाला अधम से भी अधम है। —*अज्ञात*
- यश तो हमारे कार्यों का परिणाम होना चाहिए, न कि प्रेरणा। —*प्लिनी*
- किसी के द्वारा न किया गया असाधारण कार्य ही मनुष्य के लिए यश का कारण होता है। —*कालिदास, कुमार संभव*
- प्रसिद्धि वीरता के कामों की सुगन्धि है। —*सुकरात*

गाली

- जो पुत्र अपने माता-पिता को अपशब्द कहता है, उसकी धन-सम्पत्ति पूर्णतः नष्ट हो जाएगी। —*नीतिवचन 20/20, बाइबल*
- गालियों का उत्तर मौन है। गालियों का उत्तर गाली तो मूर्ख भी देते हैं।
 —*प्रेमचंद, सेवा सदन*
- बोलने में मर्यादा मत छोड़ना। गालियां देना तो कायरों का काम है।
 —*सरदार पटेल*
- गाली का सामना हमें सहनशीलता से करना चाहिए। —*महात्मा गांधी*
- जो गाली देता है, वह गालियां खुद उस पर पड़ती हैं। इसलिए चुप रहो।
 —*सुकरात*

- दूसरों की गाली सुनकर भी स्वयं उन्हें गाली न दें। गाली सहन करने वाले का रोका हुआ क्रोध ही गाली देने वाले को जला डालता है और उसके पुण्य भी ले लेता है। ***—वेदव्यास, महाभारत***
- गाली अर्थात् दुर्वचनों से ही क्लेश, दुःख तथा मृत्यु उत्पन्न होते हैं। जो गाली सुनकर हार मानकर चला जाए, वही सज्जन है। इसके विपरीत जो गाली देने के बदले में गाली देने लग जाता है, वह नीच प्रकृति का है। ***—कबीर***
- गाली देकर सिर्फ अपमान ही किया जा सकता है, मन की प्रतिष्ठा नहीं की जा सकती। कठोर बात ही दुनिया में सबसे ज्यादा कमजोर होती है। ***—शरत्‌चन्द्र***
- गालियां देना या स्तुति करना तो दुनिया का एक खेल है। ***—महात्मा गांधी***
- मुझे तुम चाहे कितनी ही गालियां दो, यह बहुधा कष्ट की अपेक्षा लाभ अधिक करती हैं। ***—अज्ञात***
- जब कोई दूसरा गाली देता है तो एक होती है, परन्तु उसके बदले गाली देने पर वह बहुत हो जाती है। गाली के बदले में यदि उलट कर गाली न दोगे तो गाली एक की ही रहेगी। ***—कबीर***
- गाली कमजोर लोग देते हैं। ***—हिन्दी लोकोक्ति***
- गाली एक तरह की अप्रत्यक्ष श्रद्धांजलि है। ***—विलियम हैज टिल***
- जो आदमी दूसरे को गाली देता है, वह वास्तव में अपना ही अनिष्ट करता है और अपने द्वारा अपना ही अनष्टि करने वाला पागल है या मूर्ख है। ***—अज्ञात***

गुण

- मनुष्य गुणों में उत्तम बनता है न कि ऊंचे आसन पर बैठने से। जैसे ऊंचे महल के शिखर पर बैठकर भी कौआ कौआ ही रहता है, गरुड़ नहीं बनता। ***—चाणक्य नीति 17/6***
- घोड़ा अपने साज से नहीं गुणों से माना जाता है। उसी प्रकार व्यक्ति की कद्र धन से नहीं सद्‌गुण और शीलता से होती है। ***—सुकरात***
- गुण सब स्थानों पर अपना आदर करा लेता है। ***—कालिदास***
- गुणीजनों के लिए कुछ भी अलभ्य नहीं है। ***—शूद्रक***
- जैसे दुधारू गाएं दिन भर वन में विचरकर शाम को अपने बछड़ों के पास दौड़ती हैं, उसी प्रकार गुणी व्यक्ति की सर्वत्र प्रशंसा होती है। ***—सामवेद 1/4/6***

- झूठ नहीं बोलने का गुण ग्रहण कर लेने से अन्य किसी धर्मकर्म करने की आवश्यकता नहीं रह जाती। —*तिरुवल्लुवर*
- जिसका जो स्वाभाविक गुण है, उसे उससे वंचित करने की क्षमता किसी में भी नहीं होती। हंस का स्वाभाविक गुण है कि वह दूध और पानी को अलग कर सकता है। स्वयं विधाता भी इस कार्य में असमर्थ है। हंस के कुपित होने पर विधाता उसका निवास स्थान छीन सकता है, किन्तु उसके नीर-क्षीर-विवेक की बुद्धि को नहीं छीन सकता। —*भर्तृहरि, नीतिशतक*
- जहां बहुत से गुण हों वहां यदि एक आध अवगुण भी आ जाए, तो उसका वैसे ही पता नहीं चल पाता जैसे चन्द्रमा की किरणों से उसका कलंक। —*कालिदास*
- मनुष्यों को कभी भी सत्य, दान, कर्मण्यता, असूयारहितता, क्षमा तथा धैर्य इन छह गुणों का त्याग नहीं करना चाहिए। —*वेदव्यास, महाभारत*
- विवेकी को पाकर गुण सुन्दरता को प्राप्त होते हैं। —*चाणक्य*
- जो मानव अपने अवगुण व दूसरों के गुण देखता है, वही महान् मानव बन सकता है। —*सुकरात*
- गुण तो आदमी उसमें देखता है, जिसके साथ जन्मभर निर्वाह करना हो। —*प्रेमचंद, गोदान*
- शत्रु के गुण ग्रहण कर लो और गुरु के दुर्गुण छोड़ दो। —*अज्ञात*
- यदि किसी में गुण होंगे, तो वह स्वयं ही सम्मुख आ जाएंगे। कस्तूरी को अपनी उपस्थिति कसम खाकर प्रमाणित नहीं करनी पड़ती। —*शेस्टन*
- गुणियों की जात-पात नहीं देखी जाती। —*प्रेमचंद, कायाकल्प*

घर

- घर बनाने वालों के लिए मेरा यह सूत्र है कि स्वामी से घर की शोभा हो, घर से स्वामी की नहीं। —*सिसरो*
- जिसके घर माता अथवा प्रियवादिनी पत्नी नहीं है, उसे वन में चले जाना चाहिए क्योंकि उसके लिए जैसा वन, वैसा ही घर। —*विष्णु शर्मा, पंचतंत्र 4/53*
- राजा हो या किसान, सबसे सुखी वही है, जो अपने घर में शांति पाता है। —*गेटे*
- आदमी बाहर से थका-मांदा आता है, तो उसे घर में आराम मिलता है। —*प्रेमचंद, निर्मला*

- अपने घर में कुत्ता भी बलवान् होता है। —*शूद्रक, मृच्छकटिकम्*
- गृहस्थ का घर भी एक तपोभूमि है। सहनशीलता और संयम खोकर कोई इसमें सुखी नहीं रह सकता। —*अज्ञात*
- भारत का हर एक घर विद्यापीठ है, महाविद्यालय है। मां-बाप आचार्य हैं, जिन्होंने यह काम छोड़कर अपना धर्म छोड़ दिया। —*महात्मा गांधी*
- जिस घर में कोई नहीं रहता उसमें चमगादड़ बसेरा लेते हैं।
  —*प्रेमचंद, मानसरोवर*
- अपने घर में हर कोई राजा होता है। —*उत्तराध्ययन चूर्णि (7)*
- जो कमाता है, उसी का घर में राज होता है। यही दुनिया का दस्तूर है।
  —*प्रेमचंद, मानसरोवर*

घमण्ड

- जो बहुत घमण्ड करते थे, वही अपने घमण्ड के कारण गिरे। इसलिए किसी को बहुत घमण्ड नहीं करना चाहिए। घमण्ड ही हार का द्वार है। —*शतपथ ब्राह्मण*
- अभिमानी व्यक्ति स्वयं को ही खा जाता है। —*शेक्सपीयर*
- अभिमान से मनुष्य परमात्मा और जनता से दूर हो जाता है और नम्रता से निकटतम। —*बेंजामिन फ्रेंकलिन*
- ठोकर खाने से पहले घमण्ड होता है। —*नीतिवचन 16/18 (बाइबल)*
- संसार में ऐसा कोई पैदा नहीं हुआ जिसको प्रभुता पाकर घमण्ड न हुआ हो।
  —*रामचरित मानस, बालकांड*
- जिसने गर्व किया उसका पतन हुआ। —*स्वामी विवेकानंद*
- गर्व ने देवदूतों को भी नष्ट कर दिया। —*इमर्सन*
- अभिमान अपने अपमान को नहीं भूलता। —*प्रेमचंद, सेवासदन*
- धन का घमण्ड नहीं करना चाहिए। धनी से भी बढ़कर धनी मौजूद हैं। सायंकाल में जब जुगनू उड़ते हैं, तब वे सोचते हैं कि हमीं इस संसार को प्रकाश दे रहे हैं, पर नक्षत्रों के उदय होते ही उन जुगनुओं का घमण्ड शांत हो जाता है। तब नक्षत्र को घमण्ड होता है कि वे ही जगत् को प्रकाश दे रहे हैं, परन्तु जब चन्द्रमा का उदय होता है तब नक्षत्र भी लज्जित हो मलिन हो जाते हैं। फिर चन्द्रमा सोचता है कि मैं ही संसार को प्रकाश देने वाला हूं, मेरा प्रकाश पाकर मानो संसार हंस रहा है। फिर जब देखते-देखते अरुणोदय होता है, तब चन्द्रमा

भी मलिन हो जाता है। धनवान् यदि इस बात पर विचार करे, तो फिर धन का घमण्ड उसे नहीं रह जाएगा। —*श्रीरामकृष्ण परमहंस*

☐ धुआं आसमान से शेखी बघारता है और राख पृथ्वी से कि वे अग्निवंश के हैं।
—*रवीन्द्रनाथ ठाकुर*

☐ घमण्डी व्यक्ति दूसरों के घमण्ड को घृणा की दृष्टि से देखते हैं। —*बेंजामिन फ्रेंकलिन*

☐ घमण्डी का घर खाली होता है। —*हिन्दी लोकोक्ति*

☐ अभिमान से नीच गति की प्राप्ति होती है। —*उत्तराध्ययन*

☐ तन, धन और यौवन का अभिमान मत करो। —*शंकराचार्य*

☐ हे प्राणी! तू अपने शरीर की सुंदरता पर घमण्ड क्यों करता है। यह शरीर एक दिन तुझसे छूट जाएगा। फिर यह तुझे उसी प्रकार प्राप्त नहीं होगा, जिस प्रकार सांप की केंचुली उसके शरीर से अलग होने पर फिर उसके शरीर पर नहीं चढ़ती है।
—*कबीर*

घृणा

☐ जो मनुष्य अपने आप से घृणा करने लगता है, समझ लो उसका अंत आ पहुंचा है।
—*विवेकानंद*

☐ घृणा से घृणा को नष्ट नहीं किया जा सकता। घृणा को दूर करने के लिए प्रेम की आवश्यकता है। —*भगवान बुद्ध*

☐ घृणा के द्वारा कभी भी घृणा पर विजय नहीं प्राप्त की जा सकती, प्रेम के द्वारा घृणा पर विजय पाई जा सकती है–यही सनातन सत्य है। —*महात्मा गांधी*

☐ जिससे हम प्रायः डरते हैं, कालान्तर में उसी से घृणा करते हैं। —*शेक्सपीयर*

☐ घृणा करने वाला मनुष्य होंठों से मीठी-मीठी बातें करता है, पर हृदय में कपट रखता है। —*नीतिवचन 26/24 (बाइबल)*

☐ घोर तथा निरन्तर घृणा की भावना से न केवल कई बार पाचनशक्ति नष्ट हो जाती है, बल्कि भोजन का सात्मीकरण तथा रक्त निर्माण रुक जाता है और मानसिक शांति नष्ट होकर चरित्र भी बिगड़ जाता है। —*स्वेट मार्डेन*

☐ हमारे हृदय का पागलपन ही घृणा है। —*बायरन*

☐ घृणा करना शैतान का कार्य है, क्षमा करना मनुष्य का धर्म है, प्रेम करना देवताओं का गुण है। —*भर्तृहरि*

☐ सत्यपरायण मनुष्य किसी से घृणा नहीं करता। —*नेपोलियन*

- जो आदमी दूसरी जाति से घृणा करता है, समझ लीजिए कि वह ईश्वर से घृणा करता है। —*प्रेमचंद*
- घृणा की अन्धता अज्ञान की अन्धता से अधिक बुरी है, क्योंकि अज्ञान जिस प्रकाश को जगाए बिना छोड़ देता है, घृणा बुझा देती है। —*रवीन्द्रनाथ ठाकुर*
- घृणा करने वालों का मन वैसे ही मर-सा जाता है, जिस प्रकार मृत मनुष्य का मन मर जाता है। —*अथर्ववेद 6/18/2*
- जो मनुष्य अपने साथी से घृणा करता है, वह उसी मनुष्य के समान हत्यारा है, जिसने सचमुच हत्या की हो। —*स्वामी रामतीर्थ*

चरित्र

- मनुष्य की महानता उसके कपड़ों से नहीं अपितु उसके चरित्र से आंकी जाती है। —*महात्मा गांधी*
- जिस मनुष्य को अपने पर काबू नहीं है, वह दुर्बल चरित्र वाला है। —*कनफ्यूशियस*
- फूल खिलने दो, मधुमक्खियां अपने आप उसके पास आ जाएंगी। चरित्रवान बनो, जगत् अपने आप मुग्ध हो जाएगा। —*रामकृष्ण परमहंस*
- हमारी प्रथम व प्रधान आवश्यकता है चरित्र गठन। —*स्वामी विवेकानंद*
- मनुष्य के चरित्र से ही ज्ञात होता है कि वह कुलीन है या अकुलीन, वीर है या दंभी, पवित्र है या अपवित्र। —*वाल्मीकि रामायण (अयो.)*
- चरित्र वृक्षवत् है और यश उसकी छायावत्। हम किसी विषय में जो सोचते हैं, वह तो छाया है, वास्तविक वस्तु तो वृक्ष है। —*अब्राहम लिंकन*
- चरित्र जब एक बार गिर जाता है तब मिट्टी के बरतन की भांति चकनाचूर हो जाता है। —*माघ*
- चरित्र सफेद कागज के समान है। एक बार कलंकित होने पर उज्ज्वल होना कठिन है। —*जे. हावेज*
- वाणी से बढ़कर चरित्र की निश्चित परिचायिका और कोई चीज़ नहीं है। —*डिजरायली*
- आदमी की खुशहालियां उसकी सच्चरित्रता का फल हैं। —*इमर्सन*
- चरित्र ही सफलता अथवा असफलता का द्योतक है। चरित्र सफल है तो जीवन भी सफलता की ओर बढ़ेगा, किन्तु चरित्र असफलता की ओर अग्रसर है तो जीवन अवश्य पतनोन्मुख होगा। —*रोमो*

- चरित्रवान होने से हमें सबकुछ उपलब्ध हो सकता है तथा बिना चरित्र के हम प्रत्येक वस्तु खो देते हैं। ***—मा. स. गोलवलकर***
- यह चरित्र ही है जो विपत्तियों की अभेद्य दीवारों में से भी मार्ग बना लेता है। ***—स्वामी विवेकानंद***
- चरित्र की शुद्धि ही सारे ज्ञान का ध्येय होना चाहिए। ***—महात्मा गांधी***
- व्यवहार की छोटी-छोटी बातें ही व्यक्ति के चरित्र का दर्पण होती हैं, न कि लंबी चौड़ी बातें। ***—सैम्युअल स्माइल्स***
- यदि धन नष्ट होता है तो कुछ भी नष्ट नहीं होता। यदि स्वास्थ्य नष्ट होता है, तो कुछ अवश्य नष्ट होता है। पर यदि चरित्र नष्ट होता है तो सब कुछ नष्ट हो जाता है। ***—स्वामी आत्मानन्द***
- मनुष्य के चरित्र की पहचान न केवल उसकी संगति से, बल्कि उसकी बातचीत से भी हो जाती है। ***—जेम्स शरमन***
- चरित्र ही ऐसा हीरा है जो अन्य सभी पाषाण खंडों को काट देता है। ***—बारटल***
- जो कुछ हमने अपने चरित्र में संचित किया है, वह हम अपने साथ ले जाएंगे। ***—हेम्बोल्ट***
- धारणाएं बदल सकती हैं, लेकिन चरित्र नहीं बदलते। उनका केवल विकास होता है। ***—डिजरायली***
- किसी का सच्चा चरित्र जानना हो तो उसे सत्ता के पद पर बैठा दो। ***—यूगोस्लावी लोकोक्ति***
- शिक्षा का उद्देश्य चरित्र-निर्माण होना चाहिए। शिक्षा वही है जिसके द्वारा साहस का विकास हो, गुणों में वृद्धि हो और ऊंचे उद्देश्यों के प्रति लगन जागे। ***—महात्मा गांधी***
- जैसे मैले वस्त्रों को पहिने मनुष्य जहां कहीं भी बैठ जाता है, उसी प्रकार बिगड़ गए चरित्र का व्यक्ति भी अपने शेष चरित्र की रक्षा नहीं करता है। ***—अज्ञात***
- मनुष्य का समस्त चरित्र उसके विचारों से बनता है। ***—जेम्स ऐलन***

चिंता

- चिंता मनुष्य की शक्तियों को शून्य कर देती है, इसलिए उससे छुटकारा पा लेना पहला कर्त्तव्य है। ***—महात्मा गांधी***
- ईंधन से जैसे अग्नि बढ़ती है, ऐसे ही सोचने से चिंता बढ़ती है। न सोचने से चिंता वैसे ही नष्ट हो जाती है जैसे ईंधन के बिना अग्नि। ***—योगवसिष्ठ***

- मनुष्य चिंता से मरता नहीं, सूख जाता है। —*रूसी लोकोक्ति*
- चिंता एक काली दीवार की भांति चारों ओर से घेर लेती है, जिसमें से निकलने की फिर कोई गली नहीं सूझती। —*प्रेमचंद, गोदान*
- चिंता जीवन का शत्रु है। —*शेक्सपीयर*
- बिस्तरे पर चिंताओं को ले जाना अपनी पीठ पर गट्ठर बांधकर सोना है। —*हेलीबटन*
- चिंता से रूप, बल और ज्ञान का नाश हो जाता है। —*अज्ञात*
- जीवन की असंख्य चिंताओं के संतुलन स्वरूप ईश्वर ने हमें आशा और निद्रा भी प्रदान की है। —*वाल्टेयर*
- कार्य की अधिकता मनुष्य को नहीं मारती, बल्कि चिंता मारती है। —*स्वेट मार्डेन*
- चिंता शहद की मक्खी के समान है। इसे जितना हटाओ उतना ही और चिमटती है। —*सुदर्शन*
- चिंतारूपी सांपिन ने किसे नहीं डसा। —*रामचरित मानस*
- चिंता वह राक्षस है, जो मन में स्थाई रूप से अपना डेरा डालकर अन्दर-ही-अन्दर शरीर को खा जाती है। वे लोग जो सदैव चिन्तित रहते हैं, वे न तो कोई कार्य आरम्भ कर सकते हैं और न ही सफलता प्राप्त कर सकते हैं। —*स्वेट मार्डेन*
- चिता और चिंता में यह फर्क है कि चिता मुर्दे को जलाती है और चिंता जिंदों को। —*प्रेमचन्द*
- चिंता एक कायरता है, वह जीवन को विषमय बना देती है। —*चैनिंग*
- भविष्य की चिंता छोड़ देनी चाहिए, उससे कोई कार्य सिद्ध नहीं होता। यदि चिंता की ही जाए, तो चारित्रिक उन्नति की करनी चाहिए। —*स्वामी विवेकानंद*
- यदि मनुष्य सुख-दुःख की चिंता से ऊपर उठ जाए तो आकाश की ऊंचाई भी उसके पैरों तले आ जाए। —*शेख़सादी*
- जितना समय हम किसी कार्य की चिंता में लगाते हैं, यदि उतना ही समय हम उस कार्य में लगाएं तो चिंता जैसी कोई चीज ही नहीं रह जाएगी। —*वेरयल फिजर*

जीवन

- खाने और सोने का नाम जीवन नहीं है। जीवन नाम है सदैव आगे बढ़ते रहने की लगन का। —*प्रेमचंद*
- जीवन का रहस्य भोग में नहीं, अनुभव के द्वारा शिक्षा-प्राप्ति में है। —*स्वामी विवेकानंद*

- ❑ मनुष्य का जीवन इसलिए है कि वह अत्याचार के खिलाफ लड़े।

  —सुभाषचंद्र बोस
- ❑ भाग्यशाली के लिए जीवन छोटा है, भाग्यहीन के लिए लंबा है।

  —यूनीनी लोकोक्ति
- ❑ सभी प्राणियों के लिए इस संसार में जीवन से अधिक प्रिय अन्य कोई वस्तु नहीं है।

  —बाणभट्ट, कादम्बरी
- ❑ भूलों से संग्राम करना ही जीवन है। ***—महात्मा गांधी***
- ❑ जीवन विकास का सिद्धांत है, स्थिर रहने का नहीं। ***—जवाहरलाल नेहरू***
- ❑ जीवन एक गतिशील छाया मात्र है। ***—शेक्सपीयर***
- ❑ जीवन न तो सुखमय है न केवल भार रूप है, यह एक साधना है।

  —काका कालेलकर
- ❑ जीवन पथ में एक बार उलटी राह चलकर फिर सीधे मार्ग पर आना कठिन है।

  —प्रेमचंद
- ❑ केवल वह जीवन काम का है, जिसे दूसरों के लिए जिया जाए।

  —आइन्स्टाइन
- ❑ अपना जीवन लेने के लिए नहीं, देने के लिए है। ***—स्वामी विवेकानंद***
- ❑ हमारे जीवन का ताना-बाना मिले-जुले अच्छे-बुरे धागों का है। ***—शेक्सपीयर***
- ❑ जो जीवन को जैसे-तैसे घसीटते हुए जीता है, वह नित्य मरता है।

  —फ्रांसीसी लोकोक्ति
- ❑ जीवन परमात्मा तक की तीर्थ यात्रा है। ***—सत्य साईं बाबा***
- ❑ मुझसे यदि कोई पूछे कि जीवन किसे कहते हैं, तो मैं उसकी व्याख्या करूंगा—संस्कार संचय। ***—विनोबा भावे***
- ❑ मनुष्य जीवन महानदी की भांति है, जो अपने बहाव द्वारा नवीन दिशाओं में अपनी राह बना लेती है। ***—रवीन्द्रनाथ ठाकुर***
- ❑ साधारण जीवन में एक ही विधान है, यौवन एक भूल है, जवानी संघर्ष है और बुढ़ापा पश्चात्ताप। ***—डिज़रायली***
- ❑ जीवन न मनोविनोद का स्थान है, न अश्रुओं का स्थान। जीवन एक सेवा सदन है।

  —महर्षि टॉलस्टाय
- ❑ जीवन का रहस्य है निःस्वार्थ सेवा। ***—महात्मा गांधी***
- ❑ जीवन एक बाजी के समान है। हार-जीत तो हमारे हाथ नहीं है, पर बाजी का खेलना हमारे हाथ में है। ***—जर्मी टेलर***

झूठ

❒ जितनी हानि शत्रु शत्रु की और बैरी बैरी की करता है, उससे अधिक झूठे मार्ग पर लगा हुआ चित्त करता है। **—गौतम बुद्ध**

❒ अगर झूठ बोलने से किसी की जान बचती है, तो झूठ बोलना पाप नहीं है। **—प्रेमचंद**

❒ गलती हमारे ज्ञान की नहीं बल्कि निर्णय की त्रुटि है, जो झूठ के लिए अपनी मंजूरी दे देता है। **—लॉक**

❒ एक झूठ को छिपाने के लिए दस झूठ बोलने पड़ते हैं। **—हिन्दी लोकोक्ति**

❒ असत्य विजयी भी हो जाए, तो उसकी विजय अल्पकालिक होती है। **—लियोनार्ड**

❒ झूठ बोलकर मनुष्य जीवन की ढेर सारी संपदा खो देता है। **—शरत्चन्द्र**

❒ झूठ को सौ पर्दों में छिपाने पर भी वह सच का सामना नहीं कर सकता। **—पंजाबी लोकोक्ति**

❒ प्रत्येक असत्य आचरण समाज के स्वास्थ्य पर गहरी चोट है। **—इमर्सन**

❒ पाप के बहुत से हथकंडे हैं किन्तु असत्य वह हैण्डिल है, जो उन सबमें फिट हो जाता है। **—होम्स**

❒ सांच बराबर तप नहीं, झूठ बराबर पाप नहीं। **—रहीम**

❒ झूठ बोलने वाले को न मित्र मिलता है, न पुण्य, न यश। **—प्रेमचंद**

❒ पशु के लिए झूठ बोलने से पांच पीढ़ियों को, गौ के लिए झूठ बोलने पर दस पीढ़ियों को, घोड़े के लिए असत्य भाषण करने पर सौ पीढ़ियों को और मनुष्य के लिए झूठ बोलने पर एक हजार पीढ़ियों को मनुष्य नरक में ढकेलता है। **—विदुरनीति 3/33**

❒ जिसे जान-बूझकर झूठ बोलने में लज्जा नहीं, वह कोई भी पाप कर सकता है। अतः हंसी-मज़ाक में भी कभी असत्य न बोलें। **—गौतम बुद्ध**

❒ सोने के लिए झूठ बोलने वाला भूत और भविष्य सभी पीढ़ियों को नरक में गिराता है। पृथ्वी तथा स्त्री के लिए झूठ कहने वाला तो अपना सर्वनाश ही कर लेता है, इसलिए तुम भूमि या स्त्री के लिए कभी झूठ न बोलना। **—विदुरनीति 3/34**

तृष्णा

❒ यह जहरीली तृष्णा जिसे जकड़ लेती है, उसके शोक वीरन घास की तरह बढ़ते ही जाते हैं। **—गौतम बुद्ध**

❒ वृद्धावस्था आने पर केश जीर्ण हो जाते हैं, दांत जीर्ण हो जाते हैं, नेत्र और कान जीर्ण हो जाते हैं, किन्तु एक तृष्णा ही जीर्ण नहीं होती। **—वेदव्यास, महाभारत**

- प्रिय वस्तु प्राप्त होने पर भी तृष्णा तृप्त नहीं होती। वह इस जल से शांत नहीं होती, बल्कि उसी प्रकार और भी भड़कती है जैसे ईंधन डालने से अग्नि।
  —*महाभारत, शांति पर्व*
- मानव में सद्गुण तभी तक हैं, जब तक वह तृष्णा से दूर है। तृष्णा का स्पर्श होते ही सब गुण गायब हो जाते हैं। —*योगवाशिष्ठ*
- तृष्णा ने किसको बावला नहीं किया। —*रामचरित मानस, उत्तरकांड*
- तृष्णा दुश्चरित्र स्त्री के समान मनुष्य को अनुचित कार्यों में प्रेरित करती है।
  —*अज्ञात*
- जब तक मनुष्य तृष्णा से युक्त रहता है, तब तक समृद्धिशाली होने पर भी दरिद्र ही रहता है। —*अश्वघोष, सौन्दरनन्द*
- तृष्णा दुःखों को जन्म देती है। मन्द बुद्धि लोग उसे बड़ी कठिनता से छोड़ पाते हैं।
  —*श्रीमद्भागवत 9/20/16*
- शांति के समान तप नहीं, संतोष के समान सुख नहीं। तृष्णा के समान व्याधि नहीं।
  —*अज्ञात*
- विवेक की उत्पत्ति से शान्ति का उदय होने पर तृष्णा शांत हो सकती है, परन्तु साथ लगाए रहने से बढ़ती ही जाती है। वृद्धावस्था में होने वाली विषय भोगों की इच्छा को इन्द्र भी नहीं रोक पाता, बल्कि तृष्णा का शिकार हो जाता है।
  —*भर्तृहरि, वैराग्य शतक*
- यदि तुम्हारी तृष्णाएं अनन्त होंगी, तो तुम्हारी चिंताएं व भय भी अनन्त ही होंगे।
  —*टामस फुलर*
- मनुष्य जितना ही कामादि का सेवन करता है, उतना ही उसकी तृष्णा बढ़ती है। काम के सेवन में क्षणमात्र के लिए ही रसास्वाद मालूम देता है। —*गौतम बुद्ध*

दया

- जो मनुष्य दूसरों पर दया करता है, वह स्वयं अपना हित करता है, पर निर्दयी मनुष्य स्वयं अपने पैरों पर कुल्हाड़ी मारता है। —*नीतिवचन 11/17 (बाइबल)*
- दूसरों की दया सब लोग खोजते हैं और स्वयं करनी पड़े तो कान पर हाथ रख लेते हैं। —*जयशंकर प्रसाद, तितली*
- दया धर्म का मूल है और मानवीय गुणों का शृंगार है। —*महात्मा गांधी*

- आप जिस किसी पर दया करते हैं, उसके मन में आपका नाम अमिट अक्षरों में लिखा जाता है। —*स्वेट मार्डेन*
- मानव को दयालुओं के ही पड़ोस में रहना चाहिए। जो दयालु और चिन्ता रहित है, वही श्रेष्ठ मानव है। —*कनफ्यूशियस*
- दया दोतरफी कृपा है। इसकी कृपा दाता पर भी होती है और पात्र पर भी। —*शेक्सपीयर*
- दया से लबालब भरा हुआ दिल ही सबसे बड़ी दौलत है, क्योंकि दुनियावी दौलत तो नीच आदमियों के पास भी देखी जा सकती है। —*तिरुवल्लुवर*
- किसी पर विजय प्राप्त करने के लिए दया की भावना सर्वोत्तम अस्त्र है। —*अंग्रेजी लोकोक्ति*
- जो दया से नहीं पिघलते, वे प्रेम से कभी नहीं पिघलेंगे। —*टॉमस मूर*
- दयालुता सोने की वह जंजीर है, जिससे समाज परस्पर बंधा है। —*गेटे*
- दयालु बनने में कुछ खर्च नहीं करना पड़ता। —*महात्मा गांधी*
- दया वह भाषा है, जिसे बहरे सुन सकते हैं और गूंगे समझ सकते हैं। —*अज्ञात*
- सज्जन पुरुषों के लिए दया करना ही महान् धर्म का लक्षण है। —*वेदव्यास, महाभारत*
- दया ही धर्म की जन्मभूमि है। —*चाणक्य नीति*

दान

- कन्यादान महादान है। जिसने यह दान न दिया, उसका जन्म ही वृथा गया। —*प्रेमचंद, मानसरोवर*
- जैसे बादल पृथ्वी से जल लेकर फिर पृथ्वी पर बरसा देते हैं, वैसे ही सज्जन भी जिस वस्तु का ग्रहण करते हैं उनका दान भी करते हैं। —*कालिदास*
- गरीब को दान देने से पुण्य मिलता ही है, परन्तु रिश्तेदारों और इष्टमित्रों को दान करने से एक तो दान का पुण्य और दूसरा रिश्तेदारों को मदद करने का पुण्य। इस प्रकार दोगुना पुण्य मिलता है। —*हजरत मुहम्मद*
- इस सनातन नियम को याद रखो—यदि तुम प्राप्त करना चाहते हो तो अर्पित करना सीखो। —*सुभाषचन्द्र बोस*
- सबसे अच्छा दान क्षमादान है। —*चार्ल्स बक्सन*

- ❒ संसार का सर्वश्रेष्ठ दान ज्ञानदान है, क्योंकि चोर इसे चुरा नहीं सकते, न ही कोई इसे नष्ट कर सकता है। यह निरन्तर बढ़ता रहता है और लोगों को स्थाई सुख देता है। *—ऋग्वेद 6/28/3*
- ❒ उपार्जित धन का दान देना व त्याग के कार्यों में लगाना ही उसकी रक्षा है, जैसे तालाब का पानी बहते रहने से साफ रहता है। *—चाणक्य नीति 7/14*
- ❒ सच्चा दान दो प्रकार का होता है—एक वह जो श्रद्धावश दिया जाता है, दूसरा वह तो दयावश दिया जाता है। *—रामचन्द्र शुक्ल*
- ❒ मांगने पर देना अच्छा है लेकिन आवश्यकता अनुभव करके, बिना मांगे देना और भी अच्छा है। *—खलील जिब्रान*
- ❒ यह आंखों देखी बात है कि नदी का पानी पीने से कम नहीं होता इसी प्रकार दान देने से धन में कमी नहीं आती। *—कबीर*
- ❒ जो दान कर्तव्य समझकर, बदले में उपकार न करने वाले को तथा देश, काल और पात्र का विचार करके दिया जाता है, उसे सात्विक दान कहा जाता है। *—श्रीमद्‌भगवद् गीता*
- ❒ तीन सद्‌गुण हैं—आशा, विश्वास और दान। दान इनमें सबसे बढ़कर है। *—बाइबल*
- ❒ निर्धनों को देना ही दान है और सब प्रकार का देना उधार देने के समान है। *—तिरुवल्लुवर*
- ❒ सत्कारपूर्वक दान दो, स्वहस्त से दान दो, मन से दान दो, ठीक तरह से दोषरहित दान दो। *—गौतम बुद्ध*
- ❒ उस दान में कोई पुण्य नहीं, जिसका विज्ञापन हो। *—मसीलन*
- ❒ बुद्धिमान लोग इस संसार में गोदान, पृथ्वीदान तथा अन्नदान को भी उतना श्रेष्ठ नहीं बताते जितना श्रेष्ठ सब दानों में अभयदान को बताते हैं। *—विष्णुशर्मा, पंचतंत्र*
- ❒ दान ने हमारी जाति में जितने आलसी आदमी पैदा कर दिए हैं, उतने सब नशों ने मिलकर भी न पैदा किए होंगे। *—प्रेमचंद रंगभूमि*
- ❒ अन्नदान महादान है, विद्यादान और बड़ा है, अन्न से क्षणिक तृप्ति होती है किन्तु विद्या से जीवन पर्यन्त तृप्ति होती है। *—अज्ञात*
- ❒ दानशीलता हृदय का गुण है, हाथों का नहीं। *—एडीसन*
- ❒ जो जन दान-दक्षिणा देते हैं, वे स्वर्गलोक में उच्च स्थान प्राप्त करते हैं। *—ऋग्वेद*
- ❒ जो दान अपनी कीर्ति गाथा गाने को उतावला हो उठता है, वह दान नहीं रह जाता, अपितु अहंकार एवं आडम्बर मात्र रह जाता है। *—हुट्टन*
- ❒ सच्चा दानी प्रसिद्धि का अभिलाषी नहीं होता। *—प्रेमचंद, रंगभूमि*

दुःख

- घाव पर बार-बार चोट लगती है, क्योंकि दुःखों में बहुलता से नए दुःख आते रहते हैं। **—पंचतंत्र**
- दुःख और हानि सहने के बाद आदमी अधिक नम्र और ज्ञानी होता है। **—बैंजामिन फ्रेंकलिन**
- गुजरे हुओं के लिए कदापि दुःख-शोक मत करो। इस संसार की सब वस्तुएं समय के मुख में हैं। जो अवश्यम्भावी है, जिसे तुम नहीं रोक सकते उसके लिए भला रोना क्या? **अथर्ववेद 8/1/8**
- जब दुःख अपनी चरम सीमा पर होता है, तब सुख ज्यादा दूर नहीं होता। **—महात्मा गांधी**
- राजा, वेश्या, यमराज, अग्नि, चोर, बालक, भिक्षुक और चुगलखोर ये आठों दूसरे के दुःख को नहीं जानते। **—चाणक्य नीति 17/19**
- दुःख के बाद जो सुख आता है, वह ज्यादा आनंदमय होता है, जैसे धूप से जले हुए को वृक्ष की छाया शांति देती है। **—कालिदास**
- दुःख का एक क्षण युग के बराबर होता है। **—शेक्सपीयर**
- हर कोई अपने दुःख को बड़ा मानता है, दुनिया का यही कायदा है। **—विमल मित्र**
- व्यस्त आदमी के पास आंसू बहाने का समय नहीं होता। **—बायरन**
- दुःख में तो परमात्मा को सब याद करते हैं परन्तु सुख में कोई याद नहीं करता। जो इसे सुख में भी याद करे तो दुःख का आगमन ही न हो। **—कबीर**
- ईर्ष्या करने वाला, घृणा करने वाला, असंतोषी, क्रोधी, सदा शंकित रहने वाला और दूसरों के भाग्य पर जीवन निर्वाह करने वाला—ये छः सदा दुखी रहते हैं। **—विदुरनीति 1/95**
- दुःख को दूर करने के लिए सबसे अच्छी दवा यही है कि उसका चिंतन छोड़ दिया जाए, क्योंकि चिंतन से वह सामने आता है और अधिकाधिक बढ़ता रहता है। **—वेदव्यास**
- जिसका जन्म होता है, उसकी मृत्यु भी निश्चित है और जिसकी मृत्यु होती है, उसका जन्म भी निश्चित है। अतः अपरिहार्य बातों के लिए मनुष्य को शोक करना उचित नहीं। **—श्रीमद्‌भगवद्‌ गीता**
- दुःख को यदि हम भगवान के प्रसाद के रूप में ले सकें तो सचमुच वह जीवन को चमका सकता है। **—जैनेन्द्र कुमार**

- दुःख भोगने से सुख के मूल्य का ज्ञान होता है। —*शेख़ सादी*
- जब कोई बात हमारी आशा के विरुद्ध होती है, तभी दुःख होता है।
—*प्रेमचंद, निर्मला*
- होनी के प्रति दुःख मनाना कायरता और अज्ञानता है। —*वाल्मीकि*
- लोग नाना प्रकार के दुःख इसलिए भोग रहे हैं कि अधिकांश जनसमाज धर्महीन जीवन व्यतीत कर रहा है। —*टॉलस्टाय*
- दुःख को भूल जाने से दुःख मिट जाता है। —*महात्मा गांधी*
- बुढ़ापे में स्त्री का मरना, बंधु के हाथ में चला गया धन और दूसरे के वश का भोजन ये तीनों पुरुषों के लिए दुखदायी होते हैं। —*चाणक्य नीति 8/9*
- दुखी व्यक्ति प्रत्येक पाप कर सकता है। —*वाल्मीकि*
- आनन्द के अवसर पर हम अपने दुखों को भूल जाते हैं। —*प्रेमचंद, कर्मभूमि*
- दुःख में लंबाई है। सुख आता है तो आ भी नहीं पाता और चला जाता है। सुख में गहराई नहीं होती। साधारणतया जिन्हें हम सुखी कहते हैं, हमेशा उथले हो जाते हैं। दुःख गहराई दे जाता है। इसलिए जो लोग दुःख से गुजरते हैं, उनकी आंखों में, उनकी जिन्दगी में एक गहनता होती है। दुःख दुःख ही नहीं देता, मांजता भी है। जिन्हें हम प्रेम करते हैं, उनके दुःख में भी आनन्द है और जिन्हें प्रेम नहीं करते, उनके सुख में भी कोई आनन्द नहीं है। —*ओशो*

दुष्ट

- दुष्ट मनुष्यों को सज्जन बनाने के लिए इस पृथ्वी पर कोई उपाय नहीं है, जैसे मल त्याग करने वाली इन्द्रियों को सौ-सौ बार धोएं, पर वह अन्य इन्द्रियों की तरह शुद्ध नहीं हो सकती। —*चाणक्य नीति 10/10*
- जैसे खारे जल से भरे महासागर का खारापन दो बूंद मीठे जल से दूर नहीं किया जा सकता, ऐसे ही स्वभाव से दुर्जन व्यक्ति की गहरी दुष्टता को दो-चार मीठे उपदेशों से सज्जनता में बदला नहीं जा सकता। —*भर्तृहरि, नीतिशतक*
- जिस प्रकार बिजली की दमक क्षणिक होती है, उसी प्रकार दुष्ट मानव की मित्रता और प्रेम भी क्षणिक है। —*गोस्वामी तुलसीदास*
- दुष्ट लोग भय दिखाकर वश में किए जाते हैं, क्षमा दिखाकर नहीं।
—*अंग्रेजी लोकोक्ति*

- संसार में इससे बढ़कर हंसी की दूसरी बात नहीं हो सकती कि जो दुर्जन हैं, वे स्वयं ही सज्जन पुरुषों को दुर्जन कहते हैं। ***–वेदव्यास, महाभारत***
- दुष्ट लोग अपने दोष के संबंध में जन्मांध से होते हैं और दूसरे का दोष देखने में दिव्य नेत्र वाले होते हैं। वे अपने गुण का वर्णन करने में गला फाड़-फाड़कर बोलते हैं और दूसरे की स्तुति के समय मौन व्रत धारण कर लेते हैं। ***–माघ, शिशुपालन***
- दुष्ट सज्जनों को नहीं देख सकते। बाजारू कुत्ते शिकारी कुत्ते को देखकर भौंकते हैं, किंतु उसके पास जाने का साहस नहीं करते। ***–शेख़सादी***
- दुष्ट व्यक्ति का साथ किसी भी सूरत में अच्छा नहीं होता। दुष्ट व्यक्ति और सांप इन दोनों में सांप फिर भी अच्छा है, क्योंकि सांप तो कालवश सिर्फ एक बार ही काटता है पर दुष्ट तो पग-पग पर हानि पहुंचाता है। ***–अज्ञात***
- विष, अग्नि, सर्प तथा शास्त्र से भी संसार को उतना भय नहीं होता, जितना भय बिना कारण संसार के शत्रु दुष्टों से होता है। ***–मत्स्य पुराण***
- जो अपने स्वार्थ के लिए दूसरों को क्षति पहुंचाए, वह दुष्ट है। ***–ब्रह्म चैतन्य***
- दुर्जन विद्वान् हो, तो भी उसे त्याग देना ही उचित है। क्या मणि से अलंकृत सर्प भयंकर नहीं होता। ***–भर्तृहरि, नीतिशतक***
- दुष्ट बिना कारण सब से बैर करते हैं, जो उनके साथ भलाई करते हैं उनके साथ भी वे बुराई करते हैं। ***–गोस्वामी तुलसीदास***
- दुर्जन व्यक्ति बिना दूसरों की निन्दा किए प्रसन्न नहीं होता। ***–अज्ञात***

दुर्भाग्य

- दुर्भाग्य घोड़े पर सवार होकर आता है और पैदल-पैदल वापस जाता है। ***–फ्रांसीसी लोकोक्ति***
- दूसरों के दुर्भाग्य से बुद्धिमान व्यक्ति यह शिक्षा ग्रहण करते हैं कि उन्हें किस बात से बचना चाहिए। ***–साइरस***
- दुर्भाग्यशाली मनुष्य शत्रु को मित्र समझने लगता है तथा मित्र से द्वेष करने लगता है और उसे मारता है, शुभ को अशुभ तथा पाप को कल्याणकारी समझता है। ***–विष्णु शर्मा, पंचतंत्र***
- यदि सारे दुर्भाग्य एक ही स्थान पर एक ढेर में रख दिए जाएं और सबको उनमें से समान भाग लेना पड़े तो हममें से अधिकांश अपना ही भाग्य ले सन्तुष्ट होकर विदा हो जाएंगे। ***–सुकरात***

- दुर्भाग्य कदाचित् ही अकेला जाता है। —ड्राइडेन
- दुर्भाग्य सदैव उसी द्वार से आते हैं, जो हम स्वयं उनके लिए अनावृत छोड़ देते हैं। —चेक लोकोक्ति
- भाग्य के मारे हुए व्यक्ति की संपूर्ण बुद्धि विपरीत हो जाती है। —विशाखदत्त, मुद्राराक्षस
- सात्विकता पर जितना अधिकार पुरुष का है, उतना ही नारी का भी है और यह मनुष्य जीवन पाकर इतने बड़े अधिकार को यों ही गंवा देने से बड़ा दुर्भाग्य भी और कोई नहीं। —रवीन्द्रनाथ टैगोर
- यदि मनुष्य चाहे तो पुरुषार्थ के बल पर अपने दुर्भाग्य को भाग्य में बदल सकता है। —अज्ञात
- दुर्भाग्यशाली मनुष्य प्राप्त वस्तु की अवहेलना करते हैं। —भारवि
- प्रभु का सर्वत्र सुकाल है, दुर्भाग्यशाली को अकाल है। —संत तुकाराम

दोष

- यदि किसी लड़की के दोष जानने हों तो उसकी प्रशंसा उसकी सहेली के सामने करो। —बैंजामिन फ्रेंकलिन
- अपना ही दोष ढूंढ़ निकालना ज्ञानवीरों का काम है। —विवेकानन्द
- निन्यानबे प्रतिशत अवस्थाओं में कोई भी मनुष्य स्वयं को दोषी नहीं ठहराता, चाहे उसकी कितनी ही भारी भूल क्यों न हो। —डेल कारनेगी
- दूसरे के दोष पर ध्यान देते समय हम स्वयं बहुत भले बन जाते हैं, पर जब हम अपने दोषों पर ध्यान देंगे तो अपने आप को कुटिल और कामी पाएंगे। —महात्मा गांधी
- अवगुण नाव की पेंदी में छेद के समान है, जो एक दिन नाव को जरूर डुबो देगा। —कालिदास
- दूसरों का दोष देखना आसान है किन्तु अपना दोष देखना कठिन है। लोग दूसरे के दोषों को भुस के समान फटकते फिरते हैं, किन्तु अपने दोषों को इस तरह छिपाते हैं जैसे चतुर जुआरी हारने वाले पासे को छिपा लेता है। —गौतम बुद्ध
- पराए धन का अपहरण, पर स्त्री के साथ संसर्ग, सुहृदों पर अति शंका—ये तीनों दोष विनाशकारी हैं। —वाल्मीकि रामायण (युद्धकांड)
- जन्म के अंधे नहीं देखते हैं, कामान्ध को भी नहीं दिखाई देता है। मतवालों को भी नहीं सूझता है और स्वार्थी स्वार्थवश अपना दोष नहीं देखता। —चाणक्य नीति 6/8

- अपने दोषों को परखे बिना दूसरों पर दोष लगाना व्यर्थ है। —*बाइबल*
- अंधा वह नहीं जो देख नहीं सकता, बल्कि अंधा तो वह है जो देखकर भी अपने दोषों पर पर्दा डालने का प्रयास करता है। —*महात्मा गांधी*
- शारीरिक दोष द्रव्य और युक्ति का आश्रय लेकर शान्त हो जाते हैं और मानसिक दोष ज्ञान, विज्ञान, धैर्य, स्मृति व समाधि से शान्त हो जाते हैं।
 —*चरक संहिता (सूत्रस्थान)*
- जब कभी मुझे दोष देखने की इच्छा होती है तो मैं स्वयं से ही आरंभ करता हूं और इससे आगे नहीं बढ़ पाता। —*डेविड ग्रेसन*
- जब आपके अपने द्वार की सीढ़ियां मैली हैं, तो अपने पड़ोसी की छत पर पड़ी हुई हिम की शिकायत न कीजिए। —*कन्फ्यूशियस*
- दूसरों के दोषों के समान अपना दोष देखने लगे तो जीवमात्र को कोई दुःख कभी नहीं हो सकता। —*तिरुवल्लुवर*
- जो मनुष्य धनवान बनना चाहता हो, उसे चाहिए कि निन्द्रा, तन्द्रा, भय, क्रोध, आलस्य और ढिलाई इन छह दोषों को त्याग दे।
 —*नारायण पंडित, हितोपदेश*
- अपने दोष हम देखना नहीं चाहते हैं, दूसरों के देखने में हमें मजा आता है। बहुत दुःख तो इसी आदत में से पैदा होता है। —*महात्मा गांधी*
- वास्तविक दोष तो दोष होने पर उन्हें न सुधारनो है। —*कन्फ्यूशियस*
- दूसरों के दोष दूर (अदृश्य) भी हों तो लोग उसको ढूंढ़ निकालने में चतुर होते हैं किन्तु अपने दोष समीप होते हुए भी नहीं देख पाते।
 —*वल्लभदेव सुभाषित*
- दूसरों के दोष ढूंढ़-ढूंढ़कर उनकी चर्चा करते रहने से मन छोटा हो जाता है, स्वभाव संदिग्ध हो उठता है, हृदय में सरसता बिलकुल नहीं रहती।
 —*रवीन्द्रनाथ ठाकुर*
- दोषभरी बात यदि यथार्थ है तब भी नहीं कहना चाहिए, जैसे अंधे को अंधा कहने पर तकरार हो जाती है। —*डिज़रायली*
- अपने ही दोषों की चिंता मत करते रहिए और दूसरे के दोषों की चिंता और भी कम कीजिए। जो व्यक्ति आपके पास आता है, उसके बारे में सोचने का प्रयत्न कीजिए कि उसमें क्या-क्या खूबी है और क्या ताकत है। उसकी विशेषताओं, सद्गुणों का अनुकरण करने का प्रयत्न कीजिए। इसका परिणाम यह होगा कि आपके दोष अपने आप दूर होते जाएंगे जैसे वृक्ष से पत्ते अपने आप झड़ जाते हैं। —*रस्किन*

धन/दौलत

- धन से धन की भूख बढ़ती है, तृप्ति नहीं होती। —*प्रेमचंद, मानसरोवर*
- जो ज्यादा दौलतमंद है, वही ज्यादा मोहताज है। —*शेख़सादी*
- धोखा देकर दगाबाजी से धन जमा करना ऐसा है जैसा कि मिट्टी के कच्चे घड़े में पानी भर कर रखना। —*तिरुवल्लुवर*
- पैसा आपका सेवक है, यदि आप उसका उपयोग जानते हैं; वह आपका स्वामी है, यदि आप उसका उपयोग नहीं जानते। —*होरेस*
- धन की तीन ही गतियां होती हैं—दान, भोग और नाश। जो दान नहीं देता, भोग भी नहीं करता उसके धन की तीसरी गति होती है। —*हितोपदेश*
- अचानक प्राप्त होने वाला धन घर में टिकता नहीं, पर अपने परिश्रम से थोड़ा-थोड़ा एकत्र करने वाला मनुष्य उसको और बढ़ाता है। —*नीतिवचन 13/11 (बाइबल)*
- धन सम्पदा चिर स्थाई नहीं होती। उसे एक हाथ से दूसरे हाथ जाते देर नहीं लगती। —*भर्तृहरि, नीतिशतक*
- अनेक लोगों को दौलत ने तबाह कर दिया और अनेक उसके अभाव में बर्बाद हो गए। —*जिमरमैंन*
- धन से सद्गुण नहीं उत्पन्न होते, अपितु सद्गुणों से ही धन एवं अन्योन्य इच्छित वस्तुएं प्राप्त होती हैं। —*कनफ्यूशियस*
- धन का देना मित्रता का कारण होता है, परन्तु वापस लेना शत्रुता का। —*शुक्राचार्य*
- धन-दौलत का यह स्वभाव है कि जितना ही उसका तिरस्कार करो, वह उतनी ही पास आती है। —*राजकुमार वर्मा*
- धन खाद की तरह है। जब तक उसे फैलाया न जाए, वह उपयोगी सिद्ध नहीं होता। —*बेकन*
- कंजूस का गड़ा हुआ धन जमीन से तभी बाहर निकलता है, जब वह खुद जमीन में गड़ जाता है। —*फारसी लोकोक्ति*
- उचित रीति से कमाया धन, सत्कार्यों में लगाने से सद्गति प्रदान करता है। जो उसे पाप के कर्मों में लगाता है, उसका नाश हो जाता है। —*ऋग्वेद 7/32/18*
- जन साधारण की दृष्टि में ये धनी व्यक्ति ऊंचे दिखाई देते हैं। लोग उनसे ईर्ष्या करते हैं कि वे धनी हैं, शक्तिशाली हैं, सम्मानित हैं, आदरणीय हैं। किन्तु वे धनी हर घड़ी कांपते रहते हैं कि उन्हें जो समझा जाता है, वस्तुतः वे ऐसे हैं नहीं। वे भयभीत हैं कि कहीं उनकी कलई न खुल जाए। —*स्वेट मार्डेन*

- जिसके पास पैसे हैं, वही बड़ा आदमी है, वही भला आदमी है। पैसे न हों, तो उस पर सभी रोब जमाते हैं। —*प्रेमचंद, गोदान*
- धन-दौलत के बल पर कभी संतोष नहीं मिल सकता। —*कठोपनिषद्*
- गरीब मनुष्य को उसका पड़ोसी भी पसन्द नहीं करता, किन्तु धनवान् व्यक्ति के अनेक मित्र होते हैं। —*नीतिवचन 14/20 (बाइबल)*
- अधम मनुष्य धन को चाहते हैं, मध्यम वर्ग के लोग धन और मान दोनों चाहते हैं किन्तु उत्तम वर्ग के लोग केवल मान चाहते हैं, क्योंकि मान ही सब धन से बड़ा है। —*चाणक्य नीति 8/1*
- धन उत्तम कर्मों से उत्पन्न होता है। साहस, योग्यता, कीर्ति, वेग, दृढ़-निश्चय से बढ़ता है, चतुराई से फलता-फूलता है और संयम से सुरक्षित होता है। —*विदुर नीति*
- अपना कमाया धन खाना उत्तम, पिता का कमाया धन खाना मध्यम, भाई का कमाया धन खाना अधम और स्त्री का कमाया खाना अधम से भी अधम है। —*अज्ञात*
- जिसकी जेब में पैसा न हो, उसकी जबान में शहद होना चाहिए। —*फ्रांसीसी लोकोक्ति*
- संसार के बहुत से धनवानों में भोजन खाने की शक्ति नहीं होती, परन्तु गरीब लोग काठ को भी पचा लेते हैं। —*महाभारत, शांतिपर्व*
- जैसे जंगल में एक हाथी के पीछे बहुत से हाथी चले आते हैं, उसी प्रकार धन से ही धन बंधा चला आता है। —*वेदव्यास, महाभारत*
- हमें संसार में रहना है, तो धन की उपासना करनी पड़ेगी, इसी से लोक-परलोक में हमारा उद्धार होगा। —*प्रेमचंद, गोदान*
- जैसे रथ का पहिया इधर-उधर नीचे-ऊपर घूमता है, वैसे ही धन भी विभिन्न व्यक्तियों के पास आता-जाता रहता है। वह कभी एक स्थान पर स्थिर नहीं रहता। —*ऋग्वेद*
- जिसके पास धन होता है, उसी के बहुत से मित्र, भाई-बन्धु होते हैं। वही पुरुष कहलाता है और वही पण्डित माना जाता है। —*महाभारत, शांतिपर्व*

धैर्य

- जीवन संघर्ष में वही सफल होते हैं, जिन्हें माता-पिता ने शान्त रहने और धैर्य रखने की शिक्षा दी हो। —*भर्तृहरि नीतिशतक*
- धैर्य रखने के कारण ही हाथी मन भर खाता है परन्तु धैर्य न रखने के कारण कुत्ता एक-एक टुकड़े के लिए घर-घर मारा-मारा फिरता है। —*कबीर*

- धैर्य जीवन के लक्ष्य का द्वार खोल देता है, क्योंकि सिवाय धैर्य के, उस द्वार की ओर कोई कुंजी नहीं है। ***—शेख़सादी***
- वे कितने निर्धन हैं जिनके पास धैर्य नहीं है। क्या आज तक कोई जख़्म बिना धैर्य के ठीक हुआ है। ***—शेक्सपीयर***
- अपने धैर्य के बिना कोई और संकट से मनुष्य का उद्धार नहीं करता। ***—योगवासिष्ठ***
- बड़े लोग विपत्ति आने पर धैर्य धारण करते हैं। ***—नारायण पंडित, हितोपदेश***
- जिसके पास धैर्य है, वह जो कुछ इच्छा करता है, प्राप्त कर सकता है। ***—बैंजामिन फ्रेंकलिन***
- धीरज प्रतिभा का एक आवश्यक अंग है। ***—डिज़रायली***
- धैर्य और परिश्रम से हम वह प्राप्त कर सकते हैं जो शक्ति और शीघ्रता से कभी नहीं। ***—ला फॉण्टेन***
- धैर्य कड़ुवा होता है पर उसका फल मीठा होता है। ***—रूसो***
- धैर्य और संतोष जीवन, नौका के वे पतवार हैं, जो नौका को मंजिल तक ले जाते हैं। ***—अज्ञात***
- सज्जनों का धन तो धैर्य ही है। ***—वाणभट्ट, कादम्बरी***
- धैर्य सब उल्लासों एवं शक्तियों का मूल है। ***—रस्किन***
- जो व्यक्ति स्वभाव से धैर्यवान् है, वह महान् विपत्ति के समय भी अधीर नहीं होता। ***—भर्तृहरि, नीतिशतक***
- अनेक काम धैर्य से सम्पन्न होते हैं और जल्दबाज मनुष्य सिर के बल गिरता है। ***—शेख़सादी***
- संकट के समय धैर्य धारण करना मानो आधी लड़ाई जीत लेना है। ***—प्लाट्स***

धोखा

- व्यक्ति जितना स्वयं के द्वारा छला जाता है, दूसरों के द्वारा आज तक उतना कभी नहीं छला गया। ***—ग्रेनविल***
- एक बार धोखा खाया हुआ मनुष्य सत्य में भी विनाश का संदेह करने लगता है। ***—नारायण पंडित, हितोपदेश***
- कोई मुझे एक बार धोखा दे तो उसे धिक्कार है। कोई मुझे दोबारा धोखा दे तो मुझे धिक्कार है। ***—अंग्रेजी लोकोक्ति***

- हम संसार को गलत पढ़ते हैं और कहते हैं कि वह हमें धोखा देता है।
 —रवीन्द्रनाथ ठाकुर
- धोखा देने वाले को धोखा देने में दोगुनी प्रसन्नता का अनुभव होता है।
 —ला फॉण्टेन
- हम किसी से धोखा नहीं खाते, हम स्वयं ही को धोखा देते हैं। *—गेटे*
- धोखा देने वाला धोखा खाता है, प्रवंचना का परिणाम हार होता है। दूसरों के रास्ते में गड्ढा खोदने वाले को कुआं तैयार मिलता है। *—हजारी प्रसाद द्विवेदी*
- तुम किसी व्यक्ति को भले ही धोखा दे लो, किंतु जैसी मक्कारी से काम लो, भगवान् को धोखा नहीं दे सकते। *—लुशुन*
- व्यक्ति जिससे प्रेम करता है उसके द्वारा सरलता से धोखा खा जाता है।
 —मोलियर
- व्यक्ति दूसरों के साथ विश्वासघात करते समय जितना धोखा खाता है, उतना कभी नहीं खाता। *—लारोसो*

नम्रता

- जहां नम्रता से काम निकल आए वहां उग्रता नहीं दिखानी चाहिए। *—प्रेमचंद*
- नम्रता से मनुष्य के ऐसे बहुत-से काम बन सकते हैं, जो कठोरता से नहीं होते। *—महात्मा गांधी*
- नम्रता सद्गुणों की आधारशिला है। *—कन्फ्यूशियस*
- जो मनुष्य नम्र है और प्रभु की भक्ति करता है, उसको प्रतिफल में मिलता है–धन, सम्मान और दीर्घ जीवन। *—नीतिवचन 22/4 (बाइबल)*
- नम्रता और मीठे वचन ही मनुष्य के आभूषण हैं। *—स्वामी विवेकानंद*
- दुःख और हानि सहने के बाद आदमी अधिक नम्र और ज्ञानी होता है।
 —बैंजामिन फ्रेंकलिन
- हम महान् व्यक्तियों के निकटतम पहुंच जाते हैं, जब हम नम्रता में महान् होते हैं।
 —रवीन्द्रनाथ ठाकुर
- अभिमान की अपेक्षा नम्रता से अधिक लाभ होता है। *—गौतम बुद्ध*
- नम्रता, प्रेमपूर्ण व्यवहार तथा सहनशीलता से मनुष्य तो क्या देवता भी तुम्हारे वश में हो जाते हैं। *—लोकमान्य तिलक*
- नम्रता की ऊंचाई का नाप नहीं। *—विनोबा भावे*

❐ स्वाभिमानी होना अच्छा है, परन्तु स्वाभिमान से विनम्रता श्रेष्ठ है। *—शेक्सपीयर*

❐ विनय पात्रता प्रदान करती है। *—हितोपदेश*

❐ जो विनम्र है, वही जगत् विजयी है। *—चाणक्य*

❐ आत्मसम्मान की भावना ही नम्रता की औषधि है। *—डिज़रायली*

❐ किसी महान् व्यक्ति की प्रथम परीक्षा उसकी नम्रता है। *—जॉन रस्किन*

❐ नम्रता सर्वोत्तम गुण है। जो काम स्त्री का सौन्दर्य करके दिखा सकता है, वही नम्रता कर सकती है। उसका प्रभाव तत्काल ही दूसरों पर पड़ता है। *—अज्ञात*

❐ नम्रता पत्थर को भी मोम कर देती है। *—प्रेमचंद*

❐ आदर पाने के लिए मनुष्य को पहले विनम्र बनना पड़ता है। *—नीतिवचन 18/12 (बाइबल)*

❐ जिनमें नम्रता नहीं आती, वे विद्या का पूरा सदुपयोग नहीं कर सकते। *—महात्मा गांधी*

नर

❐ पुरुष में नारी के गुण आ जाते हैं, तो वह महात्मा बन जाता है। नारी में पुरुष के गुण आ जाते हैं, तो वह कुलटा हो जाती है। *—प्रेमचंद, गोदान*

❐ पुरुष यश का स्वप्न देखता है, जबकि नारी प्रेम करने के लिए जागती रहती है। *—टेनिसन*

❐ वह नर मृतक के समान है जिसके मन में देशाभिमान नहीं है। *—मैथिलीशरण गुप्त*

❐ जो वीरता से भरा हुआ है, जिसका नाम लोग बड़े गौरव से लेते हैं, शत्रु भी जिसके गुणों की प्रशंसा करते हैं, वही पुरुष वास्तव में पुरुष है। *—गणेश शंकर विद्यार्थी*

❐ जो पुरुष दुनिया भर के लिए बहुत अच्छा होता है, वह अपनी पत्नी के लिए कतई अच्छा साबित नहीं होता। *—लोकोक्ति*

❐ जैसे उत्साह स्त्रियों का गुण है, उसी तरह गंभीरता पुरुषों का। *—एडीसन*

❐ पुरुष का जीवन संघर्ष से आरंभ होता है और स्त्री का आत्म-समर्पण से। *—महादेवी वर्मा*

❐ पुरुष स्त्रियों को जितना समझ पाते हैं, उससे अधिक स्त्रियां पुरुषों को। *—चार्लाट ब्रांटी*

❐ स्त्रियों की शील रक्षा का भार पुरुषों पर होता है। *—हजारी प्रसाद द्विवेदी*

- उत्तम पुरुषों की यह रीति है कि वे किसी कार्य को अधूरा नहीं छोड़ते। *—वीलैण्ड*
- भगवान पुरुषों के लिए है और धर्म स्त्रियों के लिए। *—जोसेफ कानरेड*
- पत्नी से अधिक पुरुष के चरित्र का ज्ञान और किसी को नहीं होता।
 —प्रेमचंद, मानसरोवर
- पुरुष खेत के लिए है और स्त्री चूल्हे के लिए। पुरुष तलवार के लिए है और स्त्री सुई के लिए। पुरुष मस्तिष्क प्रधान है तथा स्त्री हृदय प्रधान। पुरुष आदेश देने के लिए है और स्त्री पालन करने के लिए। *—टेनिसन*
- पुरुष कितना ही कुरूप क्यों न हो, पर उसकी निगाह अप्सराओं ही पर जाकर पड़ती है। *—प्रेमचंद*
- जिस प्रकार घिसकर, काटकर, तपाकर और पीटकर चार प्रकार से सोने से परीक्षा की जाती है, वैसे ही पुरुष की परीक्षा भी चार प्रकार से होती है, त्याग, शील, गुण और कर्म से। *—चाणक्य नीति 5/2*
- बुद्धि, कुलीनता, इन्द्रिय निग्रह, शास्त्र-ज्ञान, पराक्रम, अधिक न बोलना, शक्ति के अनुसार दान और कृतज्ञता–ये आठ गुण पुरुष की ख्याति बढ़ा देते हैं।
 —विदुर नीति 1/104
- पुरुष कितना भी विद्वान् और अनुभवी हो, पर स्त्री को समझने में असमर्थ ही रहता है।
 —प्रेमचंद, कायाकल्प
- बिना सोचे-समझे खर्च करने वाला, असहाय रहते हुए झगड़ा करने वाला, सब जगह व्याकुल रहने वाला पुरुष शीघ्र ही नष्ट हो जाता है।
 —चाणक्य नीति 12/19
- अधिकांश पुरुष नारियों में वह खोजते हैं, जिसका स्वयं उनके चरित्र में अभाव होता है। *—फील्डिंग*
- पुरुष किसी सुन्दरी के चरणों पर अपने जीवन को उसी प्रकार बलिदान कर देता है, जिस प्रकार मर्कट अपने शिकारी के चरणों पर। *—रामकृष्ण परमहंस*

नारी

- स्त्री पुरुष की गुलाम नहीं–सहधर्मिणी, अर्द्धांगिनी और मित्र है। *—महात्मा गांधी*
- स्त्री पुरुष से उतनी ही श्रेष्ठ है, जितना प्रकाश अंधेरे से। मनुष्य के लिए क्षमा, त्याग और अहिंसा जीवन के उच्चतम आदर्श हैं। नारी इस आदर्श को प्राप्त कर चुकी है।
 —प्रेमचंद, गोदान

- स्त्री पुरुष के लिए सबसे बड़ा वरदान भी है और सबसे बड़ा अभिशाप भी।
—यूनानी लोकोक्ति
- चरित्रवान पत्नी अपने पति की शोभा है, पर व्यभिचारिणी पत्नी मानो अपने पति की हड्डियों का क्षय है। *—नीतिवचन 12/4 (बाइबल)*
- पुरुषों की अपेक्षा स्त्रियों का भोजन (आहार) दूना, लज्जा चौगुनी, साहस छह गुना और काम (रति इच्छा) आठ गुना अधिक होता है। *—चाणक्य नीति 1/17*
- नारी ही नारी की सबसे बड़ी शत्रु है। *—शिवानी, विषकन्या*
- स्त्री का सुख पति की योग्यता और चरित्रता पर निर्भर है न कि उसकी दौलत पर।
—जार्ज बर्नार्ड-शॉ
- नारी सब कुछ कर सकती है, परन्तु अपनी इच्छा के विरुद्ध प्रेम नहीं कर सकती।
—सुदर्शन
- जहां नारियों की पूजा होती है, वहां देवता निवास करते हैं। जहां इनकी पूजा नहीं होती वहां सब क्रियाएं निष्फल होती हैं। *—मनुस्मृति*
- पुरुषों का क्षणिक दुःख तो क्षणभर में ही जाता है, लेकिन जिसे सदा दुःख सहना पड़ता है, वह है नारी। *—शरतचन्द्र*
- स्त्रियां घर की लक्ष्मी कही गई हैं। ये अत्यन्त सौभाग्यशालिनी, आदर के योग्य, पवित्र तथा घर की शोभा हैं, अतः उनकी विशेष रूप से रक्षा करनी चाहिए।
—वेदव्यास, महाभारत
- पतिव्रता स्त्री चाहे मैली-कुचैली और कुरूपा ही क्यों न हो, लेकिन उसके पतिव्रता गुण पर सारी सुन्दरताएं न्यौछावर हो जाती हैं। *—कबीर*
- नारी के लिए वास्तव में उसका पति ही संपूर्ण आभूषणों में सर्वश्रेष्ठ आभूषण है। उससे पृथक रहकर वह कितना भी सुंदर क्यों न हो, सुशोभित नहीं होती।
—वाल्मीकि रामायण
- जो मनुष्य नारी को क्षमा नहीं कर सकता, उसे उसके महान् गुणों का उपयोग करने का कभी अवसर प्राप्त न होगा। *—खलील जिब्रान*
- नारी बड़े-से-बड़ा दुःख भी होंठों पर मुस्कराहट लेकर सह लेती है।
—जयशंकर प्रसाद
- स्त्रियों को अगर ईश्वर सुंदरता दे तो धन से वंचित न रखे। धनहीन, सुंदर, चतुर स्त्री पर दुर्व्यसन का मंत्र शीघ्र ही चल जाता है। *—प्रेमचंद, सेवासदन*
- अपने हाथ से अपने आदमियों की सेवा और यत्न करने में कितनी तृप्ति होती है, कितना आनन्द मिलता है, यह स्त्री जाति के सिवा और कोई नहीं समझ सकता। *—शरत्चन्द्र*

- ❐ जिन घरों में असम्मानित व दुःखी स्त्रियां शाप देती हैं, वह घर शीघ्र ही नष्ट हो जाता है। इसलिए जो मनुष्य समृद्धि चाहते हैं, उन्हें आभूषण, वस्त्र, भोजनादि से इनका सत्कार करना उचित है। ***–मनुस्मृति***
- ❐ मिथ्या बोलना, बिना विचारे किसी काम को करना (उतावलापन), कपट, मूर्खता, लालच (तृष्णा), अपवित्रता, दयाहीनता ये सब स्त्रियों के स्वाभाविक दोष हैं। ***–चाणक्य नीति 2/1***
- ❐ स्त्री सहनशक्ति की साक्षात् प्रतिमूर्ति है, धैर्य का अवतार है। ***–महात्मा गांधी***
- ❐ नारी एक ऐसा पुरुष है जो छाया में ही अपनी गंध फैलाता है। ***–लेमेनिस***
- ❐ स्त्रियां पुरुषों से अधिक बुद्धिमान् होती हैं क्योंकि, वे पुरुषों से कम जानती हैं किन्तु उनसे अधिक समझती हैं। ***–जेम्स स्टीफेन्स***
- ❐ स्त्री यदि प्रसन्न रहे तो सारा कुल प्रसन्न रहता है। यदि वह दुःखी रहती है तो सब कुछ बुरा लगता है। ***–मनुस्मृति***
- ❐ जिस स्त्री को लोक निन्दा की लाज नहीं, उसे कोई शक्ति सुधार नहीं सकती। ***–प्रेमचंद, वरदान***
- ❐ स्त्री को कौन समझ सकता है। ***–शेक्सपीयर***
- ❐ प्रत्येक स्त्री का यह कर्तव्य है वह जितनी जल्दी संभव हो सके, विवाह कर ले और पुरुष का यह कर्तव्य है कि जहां तक हो सके उससे दूर रहे। ***–जार्ज बर्नार्ड-शॉ***
- ❐ नारी की सफलता पुरुष को बांधने में है, सार्थकता उसे मुक्ति देने में। ***–हजारी प्रसाद द्विवेदी***
- ❐ पिता स्त्री की कुमारावस्था में, पति युवावस्था में तथा पुत्र वृद्धावस्था में रक्षा करता है। स्त्री को स्वतंत्र नहीं रहना चाहिए। ***–वेदव्यास, महाभारत***
- ❐ स्त्रियां स्वभाव से ही चतुर होती हैं। ***–कालिदास***
- ❐ एक अच्छी माता सौ शिक्षकों के बराबर होती है, इसलिए उसका हर हालत में सम्मान करना चाहिए। ***–जार्ज हर्बर्ट***
- ❐ स्त्रियों को जो मान हम देते हैं, वह केवल उनके सौन्दर्य के लिए नहीं, वरन् स्वाभाविक गुणों के लिए भी उनका गौरव किया जाता है। ***–एडीसन***
- ❐ नारी जाति बलवान् पुरुष पर जान देती है, क्योंकि वह निर्बल है इसलिए बलवान् का आश्रय ढूंढ़ती है। ***–प्रेमचंद, मानसरोवर***
- ❐ मैंने स्त्री को सदा सहनशीलता की मूर्ति माना है। नौकर पर यदि झूठा शक किया जाए तो वह नौकरी छोड़ जाता है, पुत्र पर किया जाए तो वह बाप का घर छोड़कर चला जाता है। मित्रों में परस्पर संदेह उत्पन्न होने पर मित्रता टूट

जाती है। पत्नी को यदि पति पर शक हो तो उसे मन मसोस कर बैठे रहना पड़ता है। पर यदि पति का पत्नी पर संदेह हो जाए तो बेचारी के भाग्य ही फूटे समझना चाहिए। ***—महात्मा गांधी***

निर्धनता

- निर्धनता मनुष्य को निर्बल बनाती है और दुःख देती है, इसलिए प्रयत्नपूर्वक इसे दूर भगाएं। ***—अथर्ववेद 5/7/7***
- गरीबी में मनुष्य जितना बनता है, उतना अमीरी में नहीं बनता। ***—सरदार पटेल***
- निर्धनता से मनुष्य को लज्जा होती है, लज्जा से पराक्रम नष्ट हो जाता है, पराक्रम न होने से अपमान होता है, अपमान होने से दुःख मिलता है, दुःख से शोक होता है, शोक से बुद्धि नष्ट हो जाती है और बुद्धि न होने से नाश हो जाता है। निर्धनता ही सब आपत्तियों का घर है। ***—हितोपदेश***
- धन दुर्गुणों पर पर्दा डाल देता है, किन्तु सद्‌गुण निर्धनता में ही आश्रय पाते हैं। ***—थियोग्निस***
- निर्धनता सब पापों की जननी है और लोभ उसकी सबसे बड़ी संतान है। ***—जयशंकर प्रसाद***
- गरीबी विनम्रता की परीक्षा और मित्रता की कसौटी है। ***—हैजलिट***
- दरिद्रता में मनुष्य प्रायः भाग्य पर आश्रित हो जाता है। ***—प्रेमचंद, प्रेमाश्रम***
- निर्धन अनुभव करने में ही निर्धनता है। ***—इमर्सन***
- धन के कारण अनेक नए-नए मित्र बन जाते हैं, किन्तु गरीब का मित्र भी उसको छोड़ देता है। ***—नीतिवचन 19/4 (बाइबल)***
- गरीब वह नहीं है, जिसके पास कम है, बल्कि वह है जो अधिक चाहता है। ***—डेनियल***
- मन से यह बात निकाल दीजिए कि गरीब घर में जन्म लेने के कारण आप उन्नति नहीं कर सकते। इसके विपरीत गरीब घर में जन्म लेने के कारण ही आपकी उन्नति के अधिक मौके हैं। ***—स्वेट मार्डेन***
- निर्धनता नहीं, निर्धनता से शर्मिन्दा होना शर्म की बात है। ***—बैंजामिन फ्रैंकलिन***
- दरिद्र अपनी साख बनाए रखने की चेष्टा में और भी दरिद्र हो जाता है। ***—प्रेमचंद***

- निर्धन व्यक्ति भले ही देने की कामना से धनी के घर आवे, किन्तु उसे याचक ही समझा जाता है अतः प्राणियों के दारिद्र्य को धिक्कार है। ***–विष्णु शर्मा, पंचतंत्र***
- जिस घर में पति-पत्नी एक दूसरे के प्रति समभाव नहीं रखते, वहीं दरिद्रता का निवास है। वहां उन दोनों का जीवन निष्फल है। ***–ब्रह्मवैवर्त पुराण***
- निर्धनता आलस्य का पुरस्कार है। ***–डच कहावत***

निन्दा

- जो लोग सदैव दूसरों की निन्दा और छिद्रान्वेषण में लगे रहते हैं, उनसे बचना चाहिए, क्योंकि उनके पास रहने से अपना स्वभाव भी वैसा ही बनता है। ***–ऋग्वेद 1/147/5***
- तुम बर्फ के समान विशुद्ध रहो और हिम के समान पवित्र तो भी लोकनिन्दा से नहीं बचोगे। ***–शेक्सपीयर, हैमलेट***
- निन्दा करने वाला और निन्दा सुनने वाला, दोनों समान रूप से निकृष्ट मनोवृत्ति के होते हैं। ***–कालिदास***
- जो तुम्हारे समक्ष दूसरों की निन्दा करता है, वह दूसरों के समक्ष तुम्हारी निन्दा करेगा। ***–शेख़सादी***
- दूसरों के दोषों का ही जो बखान करता है, उसके दोषों की आलोचना दूसरे करेंगे और वह निन्दित होगा। ***–तिरुवल्लुवर***
- अपनी निन्दा सहने की शक्ति रखने वाला व्यक्ति मानो विश्व पर विजय पा लेता है। ***–महाभारत***
- निन्दा से तीन व्यक्तियों की हत्या होती है–एक वह जो निन्दा करता है, दूसरा वह जो निन्दा सुनता है और तीसरा वह जिसकी निन्दा की जाती है। ***–इब्रानी लोकोक्ति***
- सार्वजनिक जीवन वाले किसी व्यक्ति पर जब बहुत कीचड़ उछाली जाती है, तो कुछ-न-कुछ तो उसको लग ही जाती है, चाहे वह न्यायसंगत हो या न हो। ***–रिचर्ड निक्सन***
- जो नहीं बोलता उसकी भी लोग निन्दा करते हैं और जो बहुत बोलता है उसे भी दोष लगाते हैं। इसी तरह मितभाषी की भी लोग निन्दा करते हैं। संसार में ऐसा कोई नहीं जिसकी लोग निन्दा न करें। बिलकुल ही प्रशंसित पुरुष न कभी हुआ, न कभी होगा और न आजकल है। ***–अज्ञात***

- लोकनिन्दा का भय इसलिए है कि वह हमें बुरे कामों से बचाती है। अगर वह कर्तव्य मार्ग में बाधक हो तो उससे डरना कायरता है। —*प्रेमचंद*
- प्रत्येक की निन्दा सुनो किन्तु अपना फैसला गुप्त रखो। —*शेक्सपीयर*

निराशा

- मनुष्य के लिए निराशा के समान दूसरा पाप नहीं है। इसलिए मनुष्य को इस पापरूपिणी निराशा को समूल हटाकर आशावादी बनना चाहिए। —*हितोपदेश*
- निराशा और आशा मन के खेल हैं। निर्विकार रहकर कार्य करना ही मनुष्य का धर्म है। —*मनुस्मृति*
- निराशावादी व्यक्ति हमेशा संदेहशील और आशंकित रहता है। उसके दिल और दिमाग में भरा संदेह उसे कायर बना देता है, उसकी देखने और सोचने-समझने की ताकत छीन लेता है। वह अपने सामने पड़े सुगम मार्ग को नहीं देख पाता। —*स्वेट मार्डेन*
- निराशा का गहरा धक्का मस्तिष्क को वैसा ही शून्य बना देता है जैसा कि लकवा शरीर को। —*ग्रेविल*
- जीवन में आशा तथा निराशा धूप-छांव के समान होते हैं। —*इमर्सन*
- निराशा मूर्खता का परिणाम है। —*डिजरायली*
- निराशा में प्रतीक्षा अंधे की लाठी है। —*प्रेमचंद*
- निराशा निर्बलता का चिह्न है। —*स्वामी रामतीर्थ*
- जीवन में निराशा से बड़ा कोई अभिशाप नहीं है। —*विवेकानंद*
- निराशा संभव को असंभव बना देती है। —*जयशंकर प्रसाद*
- जीवन में ऐसे अवसर भी आते हैं, जब निराशा में भी आशा होती है। —*प्रेमचंद, गबन*

परोपकार

- उपकार करने की वृत्ति रखने वाला संसार में दुखी नहीं हो सकता। —*महात्मा गांधी*
- जो किसी का उपकार करना नहीं जानता, उसे किसी का उपकार पाने का कोई अधिकार नहीं। —*लेटिन लोकोक्ति*

❑ परोपकार के समान धर्म नहीं और परपीड़ा के समान अधर्म नहीं।

—गोस्वामी तुलसीदास

❑ वृक्ष अपने सिर पर तेज धूप सहता है पर अपनी छाया में विश्राम करने वालों की गर्मी शांत करता है। ***—कालिदास***

❑ जिनके हृदय में सदैव परोपकार की भावना रहती है, उनकी आपदाएं समाप्त हो जाती हैं और पग-पग पर धन की प्राप्ति होती है। ***—चाणक्य***

❑ उपकार करके कहना बैर करने के बराबर है। ***—नीतिवाक्यामृत***

❑ अपना उपकार ही दूसरों का उपकार है। जो अपना उपकार नहीं कर सकता, वह दूसरों का उपकार क्या करेगा। ***—प्रेमचंद, कायाकल्प***

❑ प्राणों व धन से परोपकार करना चाहिए। परोपकार से प्राप्त पुण्य सैकड़ों यज्ञों से भी अप्राप्त होता है। ***—अज्ञात***

❑ करुणा करने वालों का शरीर परोपकारों से शोभा पाता है, चन्दन से नहीं।

—भर्तृहरि, नीतिशतक

❑ मेघ वर्षा करते समय यह नहीं देखता कि वह भूमि उपजाऊ है या बंजर। वह दोनों को समान रूप से सींचता है। गंगा का पवित्र जल उत्तम और अधम का विचार किए बिना सबकी प्यास बुझाता है। ***—तुकाराम***

❑ फूल अपने लिए नहीं खिलता। दूसरों के लिए तुम भी अपने हृदय-कुसुम को प्रस्फुटित कर देना। ***—बंकिमचन्द्र***

❑ परोपकार का प्रत्येक कार्य स्वर्ग की ओर एक क दम है। ***—एच.डब्ल्यू. वीपरे***

❑ आदमी को चाहिए कि परोपकारी जीवन बिताए, न कि पापी। परोपकार करने वाले इस दुनिया में भी खुश रहते हैं और दूसरी में भी। ***—भगवान बुद्ध***

❑ गृहस्थी के संचय में, स्वार्थ की उपासना में, तो सारी दुनिया मरती है। परोपकार के लिए मरने का सौभाग्य तो संस्कार वालों को ही प्राप्त होता है।

—प्रेमचंद, कर्मभूमि

❑ जिसमें उपकार वृत्ति नहीं, वह मनुष्य कहलाने का अधिकारी नहीं। ***—महात्मा गांधी***

❑ जो पुरुष अपने ही समान दूसरों को भी सुखी देखने की कामना रखते हैं, उनके पास रहने से विद्या प्राप्त होती है और अज्ञान का अंधकार दूर होता है। धन प्राप्त होता है और दरिद्रता का विनाश होता है। अतएव हम सदैव आत्मदर्शी महापुरुषों के समीप रहें। ***—यजुर्वेद***

❑ उपकार करने का साहसी स्वभाव होने के कारण गुणी लोग अपनी हानि की भी चिन्ता नहीं करते हैं। दीपक की लौ अपना अंग जलाकर ही प्रकाश उत्पन्न करती है। ***—वल्लभदेव, सुभाषित***

- ❒ वृक्ष फलों के उत्पन्न होने पर झुक जाते हैं। वृक्षों की शाखाओं को ऊंचा उठना भी आता है। मनुष्य को भी वृक्षों से ऊपर उठने तथा परोपकार के लिए झुकने की दिशा लेनी चाहिए। ***–भर्तृहरि, नीतिशतक***
- ❒ बिना किसी के गुण-दोष की ओर ध्यान दिए परोपकार करना सज्जनों का एक व्यसन ही होता है। ***–बाणभट्ट, हर्षचरित***
- ❒ परोपकार न करने वाले मनुष्यों के जीवन को धिक्कार है, क्योंकि पशुओं का चमड़ा भी उपकारी होता है। ***–अज्ञात***

परिश्रम

- ❒ उद्योग और कठिन परिश्रम से ही मनुष्य की कार्य सिद्धि होती है, केवल इच्छा मात्र से नहीं। जैसे कि सोते हुए सिंह के मुख में मृग स्वयं ही नहीं घुसते। ***–हितोपदेश***
- ❒ सौभागय हमेशा परिश्रम के साथ दिखाई देता है। ***–गोल्ड स्मिथ***
- ❒ जीवन में परिश्रम करके ही ज्ञान की प्राप्ति की जा सकती है। ***–रस्किन***
- ❒ सबसे अच्छा व्यक्ति वह है, जो अपनी प्रगति के लिए सबसे अधिक परिश्रम करता है। ***–सुकरात***
- ❒ परिश्रमी धीर व्यक्ति को इस जगत् में कोई वस्तु अप्राप्य नहीं है। ***–सोमदेव***
- ❒ बिना परिश्रम के कोई भी मूल्यवान् वस्तु प्राप्त नहीं की जा सकती। ***–एडीसन***
- ❒ परिश्रम वह चाबी है जो किस्मत का दरवाजा खोल देती है। ***–चाणक्य***
- ❒ परिश्रम से सदा लाभ होता है, पर कोरी बक-बक से गरीबी आती है। ***–नीतिवचन 14/23 (बाइबल)***
- ❒ नवयुवकों के लिए मेरा संदेश तीन शब्दों में है–परिश्रम, परिश्रम, परिश्रम। ***–विस्मार्क***
- ❒ जिस परिश्रम से हमें आनन्द मिलता है, वह हमारे लोगों के लिए अमृत है। ***–शेक्सपीयर***
- ❒ जीवन में शारीरिक और मानसिक परिश्रम के बिना कोई फल नहीं मिलता। दृढ़चित्त और महान् उद्देश्य वाला मनुष्य जो करना चाहे सो कर सकता है। ***–एरी शेफर***
- ❒ प्रतिभाशाली की प्रतिभा को मेहनत निखारती है। ***–हितोपदेश***
- ❒ चाहे सूखी रोटी ही क्यों न हो, परिश्रम के स्वार्जित भोजन से मधुर और कुछ नहीं होता। ***–तिरुवल्लुवर***

- नींद को प्यार मत करो अन्यथा तुम गरीब हो जाओगे, आंखें खोलकर कठोर परिश्रम करो तो तुम्हें रोटी का अभाव न होगा। —*नीतिवचन 20/13 (बाइबल)*
- सतत परिश्रम तथा साहस ही सफलता की कुंजी है। —*सेम्युअल स्माइल*
- बिना स्वयं परिश्रम किए देवों की मैत्री नहीं मिलती। —*ऋग्वेद*
- परिश्रम करने वालों ने भाग्य पर विजय प्राप्त कर ली है। —*शुक्राचार्य*

पति-पत्नी

- सदा पति के अनुकूल और संतुष्ट रहने वाली, दक्ष, साध्वी और बुद्धिमती पत्नी निःसन्देह लक्ष्मी के समान होती है। —*दक्षस्मृति*
- जो पत्नी अपने पति का अपमान करती है, उसे लोक-परलोक, कहीं शांति नहीं मिल सकती। —*प्रेमचंद*
- सदाचारिणी और आज्ञाकारिणी स्त्री मिलना पुरुष के लिए सौभाग्य की बात है—इसी प्रकार विश्वासपात्र और प्रेमी पति-पत्नी के लिए सर्वोत्तम सुख है। —*महात्मा गांधी*
- उत्तम पत्नी और उत्तम स्वास्थ्य पुरुष की सर्वोत्तम संपदा है। —*अंग्रेजी लोकोक्ति*
- झगड़ालु और चिड़चिड़े स्वभाव की पत्नी के साथ रहने की अपेक्षा मरुस्थल में रहना अच्छा है। —*नीतिवचन 21/19 (बाइबल)*
- उषा के उदय से जैसे सम्पूर्ण प्राणियों को सुख मिलता है, वैसे ही पतिव्रता स्त्री से पुरुष को आनन्द मिलता है। —*ऋग्वेद 1/48/10*
- जो पति अपनी पत्नी से किसी भी विषय में राय लेने में अपना अपमान समझे, उसकी बुद्धि बिगड़ी हुई है। —*बोर्डमन*
- पति होना पूर्णकालिक नौकरी है। —*ई. ए. बेनेट*
- जो घर के काम-धन्धे में निपुण है, जो संतानवती है, जो एकमात्र पति ही को सब कुछ समझती है और जो पतिव्रता है, वही सच्ची भार्या होती है। —*नारायण पंडित, हितोपदेश*
- वही भार्या उपयुक्त है, जो पवित्र और कार्यकुशल है। वही भार्या अच्छी है, जो पतिव्रता है। वही भार्या शुभ है, जो पति से प्रेम करने वाली है। और वही भार्या सफल है, जो सदा सत्य बोलती है। —*चाणक्य नीति*
- स्त्री का बल और साहस, मान और मर्यादा पति तक है। उसे अपने पति के ही बल और पुरुषत्व का घमंड होता है। —*प्रेमचंद, मानसरोवर*

- औरत घी का घड़ा लुढ़का दे, घर में आग लगा दे, मर्द सह लेगा लेकिन उसका कुराह चलना कोई मर्द न सहेगा। —*प्रेमचंद, गोदान*
- चरित्रवान् पत्नी अपनी पति की शोभा है, पर व्यभिचारिणी पत्नी मानो अपने पति की हड्डियों का क्षय है। —*नीतिवचन 12/4 बाइबल*
- जिसकी पत्नी अनुकूल है, उसका स्वर्ग यहीं है और जिसकी पत्नी प्रतिकूल है, उसका नरक यही है। —*दक्षस्मृति*
- स्त्री के लिए सबसे उत्तम अलंकार उसका पति है–गहने नहीं। यदि स्त्री पति-प्रेम के आभूषण से रहित हो तो गहनों से लदी रहकर भी सुंदर नहीं लगती। —*नारायण पंडित, हितोपदेश*
- नारी का निर्माण जगत् को मुग्ध करने के लिए नहीं, अपने पति को सुख देने के लिए हुआ है। —*एडमंड बर्क*
- पति और पत्नी का एक दूसरे पर मृत्यु पर्यन्त पूर्ण विश्वास हो, संक्षेप में यही उनके लिए सबसे श्रेष्ठ धर्म है। —*अपरार्क*

परीक्षा

- कठिन काम पड़ने पर सेवक की, संकट के समय भाई-बन्धु की, आपात्काल में मित्र की तथा धन के नाश हो जाने पर स्त्री की परीक्षा होती है। —*चाणक्य नीति 1/11*
- नाना प्रकार की भोग सामग्री, माता, घर, स्वागत सत्कार के ढंग और भोजन, वस्त्र के द्वारा कुल की परीक्षा करें। —*विदुर नीति 7/43*
- परीक्षा में वही खरे उतरते हैं, जिनमें आत्मविश्वास होता है। —*इमर्सन*
- बुद्धिमानों की परीक्षा संकटकाल में होती है और शूरों की संग्राम में। —*सोमदेव*
- प्रकृति हर पल तुम्हारी परीक्षा लेती है और वैसा ही फल देती है। —*चाणक्य*
- विपत्तियों, बाधाओं और असफलताओं से घबराना और निराश होना उचित नहीं, क्योंकि इनसे हमारी क्षमता और योग्यता की परीक्षा होती है जैसे कसौटी पर कसने, घिसने, काटने और आग में तपाकर हथौड़ी से कूटने पर सोने की परीक्षा होती है वैसे ही संघर्ष, पराक्रम, धैर्य, साहस और शील-चरित्र से हमारी परीक्षा होती है। —*अज्ञात*
- छोटी-छोटी बातों में ही हमारे सिद्धांतों की परीक्षा होती है। —*महात्मा गांधी*

- दाता की परीक्षा दुर्भिक्ष में, शूरवीर की परीक्षा रणभूमि में, स्त्रियों के कुल की परीक्षा पति के असमर्थ हो जाने पर, संकट पड़ने पर विनय की परीक्षा होती है।
  —*शिव पुराण*
- आपद काल में धैर्य, धर्म, मित्र और नारी की परीक्षा होती है।
  —*गोस्वामी तुलसीदास*
- विद्यार्थी की परीक्षा जब तक नहीं होती, वह उसी की तैयारी में लगा रहता है; लेकिन परीक्षा में उत्तीर्ण हो जाने के बाद भावी जीवन संग्राम की चिंता उसे हतोत्साह कर दिया करती है।
  —*प्रेमचंद, सेवासदन*
- परीक्षाएं तभी तक कठिन मालूम पड़ती हैं, जब तक कि उनसे परिश्रम से तैयारी कर निपटा न जाए। जी-जान से उसका मुकाबला किया जाए तो कोई कारण नहीं कि आप सफल न हों और उन्नति के शिखर पर न पहुंच जाएं।
  —*अज्ञात*
- मनुष्य की परीक्षा विपत्ति में ही होती है और घाव रोने-धोने से कभी नहीं भरा करते।
  —*महात्मा गांधी*
- जलती हुई आग से सुवर्ण की पहचान होती है, सदाचार से सत्य पुरुष की, व्यवहार से श्रेष्ठ पुरुष की, भय प्राप्त पर शूर की, आर्थिक कठिनाई में धीर की और कठिन आपत्ति में शत्रु एवं मित्र की परीक्षा होती है।
  —*वेदव्यास, महाभारत*

पुस्तक

- पुस्तकों का मूल्य रत्नों से भी अधिक है, क्योंकि रत्न बाहरी चमक-दमक दिखाते हैं जबकि पुस्तकें अन्तःकरण को उज्ज्वल करती हैं।
  —*महात्मा गांधी*
- पुस्तक प्रेमी सबसे अधिक धनी और सुखी होते हैं।
  —*बनारसीदास चतुर्वेदी*
- पुस्तकों का संकलन ही आज के युग का वास्तविक विद्यालय है।
  —*कार्लाइल*
- मैं नरक में भी अच्छी पुस्तकों का स्वागत करूंगा, क्योंकि उनमें वह शक्ति है कि जहां ये होंगी, वहीं स्वर्ग बन जाएगा।
  —*लोकमान्य तिलक*
- पुराना कोट पहनो और नई किताबें खरीदो।
  —*थोरो*
- पुस्तक पास में हो तो मित्रों की कमी नहीं खटकती है।
  —*महात्मा गांधी*
- पुस्तकों से विहीन घर खिड़कियों से विहीन भवन के समान है।
  —*होरेस मन*
- लोग पुस्तक पढ़ना तो चाहते हैं, पर गांठ का पैसा खर्च करके नहीं। जिनकी माकूल आमदनी है वह भी पुस्तकों की भिक्षा मांगने में नहीं शरमाते।
  —*प्रेमचंद*

- पुस्तकें विचारों के युद्ध में अस्त्र का काम करती हैं। —जार्ज बर्नार्ड शॉ
- यदि कोई पुस्तक पढ़ने योग्य है तो वह खरीदने के योग्य भी है। —रस्किन
- सिर्फ पुस्तकें पढ़ने से कुछ नहीं सीखा जा सकता, जब तक कि उन पर मनन न किया जाए। —महात्मा गांधी
- पुस्तक से रहित कमरा आत्मा से रहित शरीर के समान है। —सिसरो
- आज के लिए और सदा के लिए सबसे बड़ा मित्र है, अच्छी पुस्तकें। —टपर
- बुरी पुस्तकों का पढ़ना जहर पीने के समान है। —अगस्टाईन
- स्वाध्याय द्वारा विकास पाने वालों के लिए सबसे बड़ा साधन पुस्तकें हैं। —महात्मा गांधी
- जिसके हृदय की पुस्तक खुल चुकी है, उसे अन्य किसी पुस्तक की आवश्यकता नहीं रह जाती। पुस्तकों का महत्त्व केवल इतना भर है कि हममें लालसा जगाती हैं। वे प्रायः अन्य व्यक्ति के अनुभव होती हैं। —विवेकानंद
- जो पुस्तकें हमें अधिक विचारने को बाध्य करती हैं, वे ही हमारी सबसे बड़ी सहायक हैं। —ओडोर पार्कर
- बुरी पुस्तकें एक ऐसा विष होती हैं, जो समाज में बुराई के बीज डालती हैं। इन पुस्तकों के लेखक अपनी कब्रों से भी भावी पीढ़ियों की हत्या करते रहते हैं। —सैमुअल स्माइल्स

पुरुषार्थ

- पुरुषार्थ किए बिना भाग्य का निर्माण नहीं हो सकता। —वाल्मीकि
- पुरुषार्थ पुरुष करता है तो सहायता ईश्वर करता है। —प्रेमचंद
- कार्य आरम्भ न करने से कहीं कोई भी प्रयोजन सिद्ध नहीं होता, परंतु पुरुषार्थ करने पर भी जिसका कार्य सिद्ध नहीं होता है, वे निश्चय ही भाग्य के मारे हुए हैं। इसमें अन्यथा विचार नहीं करना चाहिए। —वेदव्यास
- पुरुषार्थहीन मनुष्य जीते-जी ही मरा हुआ है। —शंकराचार्य
- कुरीति के अधीन होना कायरता है, उसका विरोध करना पुरुषार्थ है। —महात्मा गांधी
- भाग्य, पुरुषार्थ और काल तीनों संयुक्त होकर मनुष्य को फल देते हैं। —मत्स्य पुराण

- किया हुआ पुरुषार्थ ही भाग्य का अनुसरण करता है। दैव किसी भी व्यक्ति को बिना पुरुषार्थ के कुछ नहीं दे सकता। —*वेदव्यास*
- पुरुषार्थ मेरे दाएं हाथ में है और सफलता मेरे बाएं हाथ में। —*अथर्ववेद*
- जब भाग्य अनुकूल रहता है, तब थोड़ा भी पुरुषार्थ सफल हो जाता है। —*शुक्रनीति*
- जैसे बीज खेत में बोए बिना निष्फल रहता है, उसी प्रकार पुरुषार्थ के बिना भाग्य सिद्ध नहीं होता। —*वेदव्यास, महाभारत*
- लक्ष्य पूरा करने के लिए अपनी समस्त शक्तियों द्वारा परिश्रम करना ही पुरुषार्थ है। —*अज्ञात*
- जो पुरुषार्थ नहीं करते वे धन, मित्र, ऐश्वर्य, उत्तम कुल तथा दुर्लभ लक्ष्मी का उपभोग नहीं कर सकते। —*महाभारत*

प्रशंसा

- हर इनसान प्रशंसा चाहता है। —*अब्राहम लिंकन*
- प्रशंसा के भूखे यह सिद्ध कर देते हैं कि उनमें योग्यता का अभाव है। —*प्लुटार्क*
- प्रशंसा विभिन्न व्यक्तियों पर प्रभाव डालती है। वह विवेकी को नम्र बनाती है और मूर्ख को और भी अहंकारी बना कर उसके दुर्बल मन को मदहोश कर देती है। —*फैलथम*
- अपनी तारीफ सुनकर हम इतने मतवाले हो जाते हैं कि फिर हममें विवेक की शक्ति ही लुप्त हो जाती है। बड़े-से-बड़ा महात्मा भी अपनी प्रशंसा सुनकर फूल उठता है। —*प्रेमचंद, प्रतिज्ञा*
- एक बुद्धिमान पुरुष की प्रशंसा उसकी अनुपस्थिति में कीजिए, किन्तु स्त्री की प्रशंसा उसके मुख पर। —*वेल्स की लोकोक्ति*
- बिना प्रशंसा किए किसी को प्रसन्न नहीं किया जा सकता है और बिना असत्य भाषण किए किसी की प्रशंसा नहीं का जा सकती। —*डॉ. जॉनसन*
- धर्म को जानकर जो मनुष्य वृद्धजनों का आदर सत्कार करते हैं, उनके लिए इस लोक में प्रशंसा है और परलोक में सुगति। —*अज्ञात*
- किसी के गुणों की प्रशंसा करने में अपना-अपना समय नष्ट मत करो, बल्कि उनके गुणों को अपनाने का प्रयास करो। —*कार्ल मार्क्स*

- ❒ सज्जन पुरुष पच जाने पर अन्न की, निष्कलंक जवानी बीत जाने पर स्त्री की, संग्राम जीत लेने पर शूर की और तत्त्व ज्ञान प्राप्त हो जाने पर तपस्वी की प्रशंसा करते हैं।
  —विदुरनीति 6/69
- ❒ प्रशंसा उसे नहीं मिलती, जो उसकी खोज में रहता है। ***—निब्राल***
- ❒ प्रशंसा अच्छे गुणों की छाया है, परन्तु जिन गुणों की वह छाया है उन्हीं के अनुसार उसकी योग्यता भी होती है। ***—बेकन***
- ❒ हम सदैव उनको प्रेम करते हैं, जो हमारी प्रशंसा करते हैं। हम सदैव उन्हें प्रेम नहीं करते जिनकी हम प्रशंसा करते हैं। ***—रोश फूको***
- ❒ प्रशंसा अज्ञान की बेटी है। ***—बैंजामिन फ्रेंकलिन***
- ❒ अपनी प्रशंसा सुनकर जो वास्तविकता को भूल जाते हैं, वे मूर्ख हैं। अपनी निंदा सुनकर मनुष्य अपने आपको संभालता है और प्रशंसा सुनकर स्वयं को खो देता है।
  —रघुवीर शरण मित्र
- ❒ मानव के अंदर जो कुछ सर्वोत्तम है, उसका विकास प्रशंसा तथा प्रोत्साहन के द्वारा किया जा सकता है। ***—चार्ल्स श्वेव***
- ❒ लोकप्रशंसा प्रायः सभी को प्रिय होती है। ***—प्रेमचंद, प्रतिज्ञा***
- ❒ जो हर किसी की प्रशंसा करता है, वह वास्तव में किसी की प्रशंसा नहीं करता।
  —जॉनसन
- ❒ यदि तुम चाहते हो कि दूसरे तुम्हारी प्रशंसा करें, तो पहले तुम दूसरों की प्रशंसा करना सीखो। ***—इमर्सन***

प्रसन्नता

- ❒ जो व्यक्ति प्रसन्न स्वभाव का होता है, वह निश्चय ही किसी भी कठिन-से-कठिन कार्य को सफलतापूर्वक करके संतोषप्रद परिणाम ले सकता है। एक प्रसन्नचित युवक जीवन के अभिशाप को वरदान में बदल सकता है। ***—स्वेट मार्डेन***
- ❒ चित्त प्रसन्न रहने से मनुष्य के सब दुःख दूर हो जाते हैं। प्रसन्नचित्त वाले पुरुष की बुद्धि शीघ्र ही अच्छी प्रकार स्थिर हो जाती है। ***—वेदव्यास, महाभारत***
- ❒ प्रसन्नता स्वास्थ्य है, इसके विपरीत उदासी रोग है। ***—हाली बर्टन***
- ❒ प्रसन्नता को हम जितना लुटाएंगे, उतनी ही अधिक वह हमारे पास आएगी।
  —विक्टर ह्यूगो
- ❒ कोई वस्तु सर्वथा हमारी उसी समय हो सकती है, जब वह हमारी प्रसन्नता की वस्तु हो। ***—रवीन्द्रनाथ ठाकुर***

- यदि विश्व में कोई ऐसा सद्गुण है, जिसकी प्राप्ति सदैव हमारा लक्ष्य होनी चाहिए, तो वह मन की प्रसन्नता है। *—लॉर्ड लिटन*
- मन की प्रसन्नता ही व्यवहार में उदारता बन जाती है। *—प्रेमचंद*
- दूसरों को प्रसन्न रखने की कला स्वयं प्रसन्न होने में है। सौम्य होने का अर्थ है स्वयं से दूसरों से संतुष्ट होना। *—हैज़ालिट*
- जो लोग प्रसन्नचित और नम्र होते हैं, उनके लिए हर चीज में सफलता है। *—वाल्टेयर*
- यदि आप अपने ज्ञान को बहुमूल्य तथा उपयोगी बनाना चाहते हैं, तो अपनी बुद्धि का द्वार प्रसन्नता से खोल दीजिए। *—इमर्सन*
- मरने में श्रेय है या जीने में श्रेय है, हम यह नहीं जानते इसलिए जीने से प्रसन्न रहो और मरने से भयभीत न हो। *—महात्मा गांधी*
- प्रसन्नचित्त व्यक्ति जहां कहीं भी जाते हैं, वहां अपना प्रभाव छोड़ आते हैं। सबको उत्साहित करने के साथ-साथ प्रेरणा देना, प्रसन्न रहना सिखाता है जीवन की कला। *—कार्लाइल*
- जो दिन हमें प्रसन्नता प्रदान करते हैं, वे हमें बुद्धिमान बनाते हैं। *—जॉन मेसफील्ड*
- प्रसन्नचित्त व्यक्ति में इतनी रचनात्मक शक्ति होती है, जितनी निराशा से भरे व्यक्ति में कभी नहीं हो सकती। *—स्वेट मार्डेन*
- प्रसन्नता परम स्वास्थ्यवर्धक है, देह और मन दोनों के लिए मित्रतुल्य। *—एडीसन*
- मुस्कराते हुए चेहरे से किया गया स्वागत और जलपान पूरे भोजन के बराबर होता है। *—हर्बर्ट*
- जो कुछ लोग कहते हैं कि तुम नहीं कर सकते, उसे करके दिखा देना ही जीवन की सबसे बड़ी प्रसन्नता है। *—वाल्टर बेगहाट*
- प्रसन्नतापूर्वक उठाया गया बोझ हलका प्रतीत होता है। *—अज्ञात*

प्रार्थना

- जब मन और वाणी एक होकर कोई चीज मांगते हैं, तब उस प्रार्थना का फल अवश्य मिलता है। *—स्वामी रामकृष्ण परमहंस*
- बारिश का परिणाम शरीर पर और उसके द्वारा मन पर होता है, तो प्रार्थना का परिणाम हृदय के द्वारा आत्मा पर होता है। *—विनोबा भावे*

- पवित्र हृदय से निकली हुई प्रार्थना कभी व्यर्थ नहीं जाती। *—महात्मा गांधी*
- अपने दुर्गुणों का चिन्तन और परमात्मा के उपकारों का स्मरण यही सच्ची प्रार्थना है। *—हितोपदेश*
- रात-रात भर प्रार्थना करने की अपेक्षा एक घंटा भी दूसरों को ज्ञान देने में खर्च करना अधिक अच्छा है। *—हज़रत मुहम्मद*
- हमारी प्रार्थना सर्व-सामान्य भलाई के लिए होनी चाहिए, क्योंकि ईश्वर जानता है कि अच्छा क्या है। *—सुकरात*
- प्रार्थना करने वाले हाथ से कर्म का हाथ श्रेष्ठ है। *—कठोपनिषद्*
- प्रार्थना जीभ से नहीं हृदय से होती है। इसी से गूंगे, तोतले और मूढ़ भी प्रार्थना कर सकते हैं। प्रार्थना आत्मा की खुराक है। *—महात्मा गांधी*
- यदि हमें प्रार्थना का उत्तर न मिले तो समझ लो कि ईश्वर से मांगने की विधि में कहीं-न-कहीं भूल हो रही है। असफलता भगवान में नहीं हममें है। *—चार्ल फिलमोर*
- प्रार्थना का अर्थ अमुक शब्दों का दोहराना नहीं। प्रार्थना का अर्थ है दैविकता की अनुभूति और प्राप्ति। *—स्वामी रामतीर्थ*
- जो देवताओं की बातें सुनते हैं, देवता उनकी सुनते हैं। *—होमर*
- प्रार्थना द्वारा ईश्वर की कृपा और सहायता से हम अपनी कमजोरियों पर विजय प्राप्त कर सकते हैं। *—महात्मा गांधी*
- विपत्ति से मेरी रक्षा करो-यही मेरी प्रार्थना नहीं है। मैं विपत्ति से डरूं नहीं, यही प्रार्थना है। मैं दुःख को जीत सकूं, मेरा अपना बल न टूटे, बस यही प्रार्थना है। *—रवीन्द्रनाथ ठाकुर*

प्रतिभा

- हर व्यक्ति में प्रतिभा होती है, पहचाने नहीं तो इसमें किसका दोष? *—मनुस्मृति*
- दूसरों के लिए जो काम कठिन है, उसे करना कुशलता है। औरों के लिए जो काम असंभव हो, उसे करना प्रतिभा है। *—एमियल*
- प्रतिभा एक प्रतिशत प्रेरणा और निन्यानबे प्रतिशत श्रम है। *—टामस एडीसन*
- जिसमें समझदारी व कार्यशक्ति विशेष रूप से हो, वही प्रतिभावान् है। *—शॉपेनहावर*
- प्रतिभा जंगल में भी नष्ट नहीं होती। *—चार्णक*

- जब प्रकृति को कोई कार्य सम्पन्न कराना होता है, तो वह उसको करने के लिए प्रतिभा का निर्माण करती है। *—इमर्सन*
- प्रतिभावान् का एक लक्षण यह है कि वह मान्यताओं को हिला देता है। *—गेटे*
- सार्वजनिक संस्थाएं भी प्रतिभाशाली मनुष्य की मोहताज होती हैं।
  —प्रेमचंद, सेवासदन
- प्रतिभा के माने हैं बुद्धि में नई-नई कोंपलें फूटते रहना। नई कल्पना, नया उत्साह, नई खोज, नई स्फूर्ति—ये सब प्रतिभा के लक्षण हैं। *—विनोबा भावे*
- प्रतिभा के साथ जब शुभ निष्ठा एवं लगन का सामंजस्य हो जाता है, तो व्यक्ति के गुण कस्तूरी की गंध में बोलने लगते हैं। *—ऋग्वेद*
- प्रतिभा अपना मार्ग स्वयं खोजती है और अपना दीपक स्वयं लेकर चलती है।
  —विलमांट
- आवश्यकता ही प्रायः प्रतिभा की प्रेरक है। *—अज्ञात*
- कठोर श्रम करने की इच्छा एवं शक्ति का ही नाम प्रतिभा है। *—मैक आर्थर*
- प्रतिभा जन्मजात होती है, वह सिखायी नहीं जाती। *—ड्राइडेन*
- प्रतिभा केवल सतत प्रयास करने की शक्ति है। *—एलबर्ट हब्बार्ड*
- प्रतिभा बढ़ाने के लिए अभ्यास से संस्कार को ताजा करने के अतिरिक्त दूसरा उपाय नहीं है। *—राजशेखर*
- ऐसी कोई महान् प्रतिभा नहीं है, जिसमें लगन का सम्मिश्रण न हो।
  —अरस्तू
- कौशल मानव के वश में रहता है, मानव प्रतिभा के वश में रहता है। *—लॉवेल*
- प्रतिभा जाति पर निर्भर नहीं है। जो परिश्रमी है, वह प्राप्त करता है।
  —शाह अब्दुल लतीफ

प्रेम

- प्रेम करने वाला पड़ोसी दूर रहने वाले भाई से कहीं उत्तम है। *—चाणक्य*
- प्रेम आंखों से नहीं, मन से देखता है। *—शेक्सपीयर*
- मनुष्य को अपनी ओर खींचने वाला यदि जगत् में कोई असली चुम्बक है तो वह केवल प्रेम है। *—महात्मा गांधी*
- प्रेम ही स्वर्ग का मार्ग है, मनुष्यत्व का दूसरा नाम है। समस्त प्राणियों से प्रेम करना ही सच्ची मनुष्यता है। *—गौतम बुद्ध*

- दूसरों से प्रेम करना स्वयं अपने साथ प्रेम करने के बराबर है। —*इमर्सन*
- एक दूसरे को इस प्रकार प्रेम करो जैसे गौ अपने बछड़े को करती है। —*अथर्ववेद*
- प्रेम की कोई जाति नहीं, कोई धर्म नहीं, विचार-विवेक और भलाई-बुराई का उसे कुछ ज्ञान नहीं। —*शरत्चन्द्र*
- प्रेम समय और स्थान की सीमा से परे है, वह निरंकुश है। —*विवेकानंद*
- प्रेम की शक्ति दंड की शक्ति से हजार गुनी प्रभावशाली और स्थायी होती है। —*महात्मा गांधी*
- किसी के साथ अत्यंत प्रेम न करो और प्रेम का सर्वथा अभाव भी न होने दो, क्योंकि ये दोनों ही महान् दोष हैं, अतः मध्यम स्थिति पर ही दृष्टि रखो। —*वाल्मीकि रामायण*
- प्रेम के बिना जीवन एक ऐसे वृक्ष के समान है, जिस पर न कोई फूल हो, न फल। सौन्दर्य के बिना प्रेम, ऐसे फूल के जैसा है जिसमें सुगन्ध न हो और ऐसे फल के समान है, जिसमें बीज न हो। —*खलील जिब्रान*
- प्यार और हमदर्दी से ही एक आदमी को दूसरे की असलियत का पता चलता है। —*डा. राधाकृष्णन्*
- मांगने पर प्यार देना अच्छा है, लेकिन बिन मांगे देना बहुत ही अच्छा है। —*शेक्सपीयर*
- घृणा लड़ाई-झगड़ों को जन्म देती है, पर प्रेम सब अपराधों को क्षमा कर देता है। —*नीतिवचन 10/12 (बाइबल)*
- जो प्रेम से नहीं सुधर सकता, वह कभी नहीं सुधर सकता। —*सुकरात*
- इष्ट मित्रों से प्रेमपूर्वक मिलना और इन्हें भोजन के लिए आमंत्रित करना स्नेह और प्रेम बढ़ाने वाली बातें हैं। —*हजरत मोहम्मद*
- दंड देने का अधिकार केवल उनको है, जो प्रेम करते हैं। —*रवीन्द्रनाथ ठाकुर*
- प्रेम और वासना में उतना ही अन्तर है, जितना कंचन और कांच में। —*प्रेमचन्द, रंगभूमि*
- प्रेम आत्मा से होता है, शरीर से नहीं। —*भगवतीचरण वर्मा*
- प्रेम कभी दावा नहीं करता, वह सदा देता है। प्रेम तकलीफ उठाता है—न क्रोध करता है न बदला लेता है। —*महात्मा गांधी*
- प्रेम कोयले के सदृश है, जिसे ठंडा किया ही जाना चाहिए, नहीं तो यह हृदय को जला देगा। —*शेक्सपीयर*
- जिस मनुष्य के हृदय से प्रेम निकल गया, वह अस्थि चर्म का एक ढेर रह जाता है। —*प्रेमचंद, वरदान*

बुराई

- बुराई करने के अवसर तो दिन में सौ बार आते हैं, भलाई करने का अवसर वर्ष में एक बार आता है। *—वाल्टेयर*
- एक बुराई दूसरी बुराई को जन्म देती है। *—शेक्सपीयर*
- बुराई के बारे में सोचना, बुराई करने से भी बुरा है। *—मनुस्मृति*
- जो मनुष्य भलाई के बदले में बुराई करता है, उसके घर में बुराई सदा निवास करती है। *—नीतिवचन 17/13 (बाइबल)*
- दुनिया में जो इतनी बुराई फैली हुई है, उसका दोष केवल बुरा काम करने वालों पर ही नहीं है, बल्कि दोष अच्छे आदमियों का भी है, जो बुरे काम करने वालों की खुशामद करने और उन्हें खुश करने के लिए सदा तैयार रहते हैं। *—लुई फिशर*
- बुराई को छिपाने से वह पनपती और बढ़ती है। *—लेटिन लोकोक्ति*
- बुराइयां मनुष्य के मर जाने के बाद भी जीवित रहती हैं। *—शेक्सपीयर*
- बुराई का मुख्य उपचार मनुष्य का सद्ज्ञान है। इसके बिना कोई उपाय सफल नहीं हो सकता है। *—प्रेमचंद, सेवा सदन*
- जो दूसरों की बुराई करते हैं, वे खुद निन्दित होते हैं। *—ऋग्वेद*
- बुराई नौका में छिद्र के समान है। वह छोटी हो या बड़ी, एक दिन नौका को डुबो देती है। *—कालिदास*
- अपने साथ उपकार करने वालों के साथ जो साधुता बरतता है, उसकी तारीफ नहीं है। महात्मा तो वह है, जो अपने साथ बुराई करने वालों के साथ भी भलाई करे। *—महात्मा गांधी*
- बुराई के आगे हथियार मत डाल दो, बल्कि अच्छाई से उसको जीत लो। *—रोमी 12/21*
- मनुष्य के साथ उसकी अच्छाई या बुराई ही साथ जाती है। *—कबीर*
- बुराई के सामने झुकना कायरता है। *—सुभाषचन्द्र बोस*
- बुराई करने वालों को उजाले से नफरत होती है। *—अंग्रेजी लोकोक्ति*
- बुराई का संपर्क हमारी अच्छी आदतों को भी दूषित कर देता है। *—अज्ञात*
- कोई बुरी बात होने वाली है तो मति पहले ही मारी जाती है। *—प्रेमचंद*

बुद्धि

- विनाश काल में मनुष्य की बुद्धि विपरीत हो जाती है। ***—चाणक्य***
- जिसके पास बुद्धि है, उसी के पास बल है। ***—विष्णुशर्मा, पंचतंत्र***
- भगवान ने बुद्धि की कोई सीमा निर्धारित नहीं की है। ***—बेकन***
- संकट उपस्थित होने पर भी जिसकी बुद्धि विचलित नहीं होती, वह कार्य में सफल हो जाता है। ***—हितोपदेश***
- धन्य है वह मनुष्य, जिसको बुद्धि मिल गई है, जिसने समझ को पा लिया है। क्योंकि बुद्धि की प्राप्ति चांदी की प्राप्ति से श्रेष्ठ है, उसकी उपलब्धि सोने से बढ़कर है। ***—नीतिवचन 3/13 (बाइबल)***
- मनुष्य के पास बुद्धिबल से बढ़कर श्रेष्ठ कोई दूसरी वस्तु नहीं है। ***—महाभारत***
- जिसमें बुद्धि नहीं है, उसको शास्त्र से क्या लाभ? जैसे नेत्रहीन मनुष्य के लिए दर्पण बेकार है। ***—चाणक्य***
- जिसके पास बुद्धि है उसके पास सबकुछ है, किन्तु मूर्ख के पास सबकुछ होते हुए भी कुछ नहीं है। ***—तिरुवल्लुवर***
- विद्वान् लोग जो स्वाध्याय करते हैं, एकान्त मन से उसी का मनन-चिन्तन करते रहते हैं, उनकी बुद्धि प्रखर होती है। ***—यजुर्वेद 26/15***
- बुद्धि के बिना मनुष्य अपंग के समान है। ***—महात्मा गांधी***
- बुद्धि बलवान् को भी पछाड़ देती है। शत्रु भी बुद्धि बल से परास्त हो जाते हैं। बुद्धि से सोचकर जो कर्म किया जाता है, वह सर्वोत्तम होता है। ***—वेदव्यास, महाभारत***
- धार्मिक कथा सुनने पर, श्मशान पर, रोगियों और दुखियों को जो बुद्धि उत्पन्न होती है, वह यदि सदा बनी रहे तो कौन ऐसा है, जो इस संसार के बंधन से मुक्त न हो जाए। ***—चाणक्य नीति 14/5***
- बुद्धि की स्थिरता के बिना कोई भी आदर्श पूरा नहीं होता। ***—विनोबा भावे***

बुद्धिमान

- जो लोग सचमुच बुद्धिमान् हैं, वे असफलताओं से कभी घबराते नहीं। ***—शेक्सपीयर***
- बुद्धिमान् दूसरों की हानि से शिक्षा ग्रहण करते हैं, जबकि मूर्ख अपनी हानि से भी कुछ नहीं सीख पाते। ***—अंग्रेजी लोकोक्ति***

- थोड़ा पढ़ना और अधिक सोचना, कम बोलना और अधिक सुनना, यही बुद्धिमान् बनने का उपाय है। ***—रवीन्द्रनाथ ठाकुर***
- बुद्धिमान् के पास थोड़ा-सा भी धन हो, तो वह बढ़ता रहता है। वह दक्षतापूर्वक काम करते हुए संयम के द्वारा सर्वत्र प्रतिष्ठा प्राप्त कर लेता है। ***—वेदव्यास, महाभारत***
- दूसरों के अनुभवों से लाभ उठाने वाला बुद्धिमान है। ***—जवाहर लाल नेहरू***
- बुद्धिमान् व्यक्ति बोलने से पहले सोचता है। मूर्ख बोल लेता है और तब सोचता है कि वह क्या कह गया। ***—फ्रेंच लोकोक्ति***
- मूर्ख स्वयं को बुद्धिमान् समझते हैं, किन्तु वास्तविक बुद्धिमान् स्वयं को मूर्ख ही समझते हैं। ***—शेक्सपीयर***
- बुद्धिमान वही है जो पूर्ण संकल्प से कार्य को निपटाना जानता है। ***—नेपोलियन बोनापार्ट***
- विपत्ति आने पर जो उसका प्रतिकार कर लेता है, वह बुद्धिमान् है। ***—नारायण पंडित, हितोपदेश***
- मूर्ख शिष्य को पढ़ाने से, दुष्टा स्त्री के पालन-पोषण से अथवा दीन-दुखियों के संपर्क में रहने से, बुद्धिमान भी दुःख पाते हैं। ***—चाणक्य नीति 1/4***
- बुद्धिमान् मनुष्य मूर्खों से जितनी शिक्षा प्राप्त करते हैं, उतनी मूर्ख बुद्धिमानों से नहीं। ***—केटो***
- वह व्यक्ति बुद्धिमान् है, जो उन वस्तुओं के लिए दुःखी नहीं होता, जो उसके पास नहीं है, बल्कि उनसे प्रसन्न रहता है, जो उसके पास है। ***—एपिक्टेटस***
- वह मनुष्य वास्तव में बुद्धिमान है, जो क्रोधावस्था में भी गलत बात मुख से नहीं निकालता। ***—शेख़ सादी***
- जो दूसरों को जानता है, वह विद्वान् है। जो स्वयं को जानता है, वह बुद्धिमान् है। ***—लाओत्से***
- बुद्धिमान् को इशारा और मूर्ख को तमाचा काफ ी है। ***—हिब्रू लोकोक्ति***
- जैसे सुनार चांदी के मैल को दूर करता है, उसी तरह बुद्धिमान् पुरुष को चाहिए कि वह अपने पापों (मलों) को प्रति क्षण थोड़ा-थोड़ा दूर करता रहे। ***—गौतम बुद्ध***
- धन के नाश को, मन के संताप को, घर की बुराइयों को, किसी ठग द्वारा ठगे जाने और नीचों द्वारा अपमान को बुद्धिमान् कभी किसी से न कहे। ***—चाणक्य नीति 7/1***
- बुद्धिमान् मनुष्य के दिल में, एक आईने की तरह, सभी चीजों का अक्स पड़ना चाहिए और उनमें से किसी की वजह से मैल नहीं आना चाहिए। ***—कन्फ्यूशियस***

भय

- भय से मनुष्य को तब तक डरना चाहिए जब तक वह नहीं आया है, परन्तु जब आ ही जाए तो निडर होकर उस पर प्रहार करना चाहिए।—*चाणक्य नीति 5/3*
- भय सदैव अज्ञानता से उत्पन्न होता है। —*इमर्सन*
- भय से ही दुःख आते हैं, भय से ही मृत्यु होती है और भय से ही बुराइयां पैदा होती हैं। —*स्वामी विवेकानंद*
- परमेश्वर के भय से जो भी कार्य किए जाते हैं, उससे सुधार आता है और जो कार्य बिना उसके भय से किया जाता है, वह बिगड़ता है। —*अज्ञात*
- जैसे पके फलों को गिरने के अतिरिक्त कोई भय नहीं है, उसी प्रकार जिसने जान लिया है, उस मनुष्य को मृत्यु के अतिरिक्त कोई भय नहीं है। —*वाल्मीकि रामायण*
- डरने वाला व्यक्ति स्वयं ही डरता है, उसको कोई डराता नहीं है। —*महात्मा गांधी*
- भय की चरम सीमा ही साहस है। —*प्रेमचन्द, सेवासदन*
- भय के कारण संपूर्ण शक्तियों का नाश होता है। भय का कारण ईर्ष्या और द्वेष पूर्ण विचार है, इसलिए निर्भयता प्राप्त करने के लिए हम किसी से द्वेष न रखें। —*सामवेद*
- भय और शक जीवन की गंगा में विष घोल देते हैं। —*तिलक*
- भय एक भ्रममात्र है। उसका अस्तित्व बुलबुले से अधिक नहीं। वह देखने में चाहे कितना ही भयंकर हो, पर साहस और सहज बुद्धि का स्पर्शमात्र उसे नष्ट कर देता है। इसके बावजूद अधिकांश लोग जन्म से मरण तक भय में जीवन बिताते हैं। —*स्वेट मार्डेन*
- जो भविष्य का भय नहीं करता वही वर्तमान का आनन्द ले सकता है। —*वेमसफुलर*
- मनुष्य के मन और मस्तिष्क पर भय का जितना प्रभाव पड़ता है, उतना और किसी शक्ति का नहीं। —*प्रेमचंद, मानसरोवर*
- मानव जिससे डरता है, उससे प्यार नहीं करता। —*अरस्तू*

भलाई

- भलाई करने वाला पराया भी भाई के समान होता है। और भाई भी यदि अहित चाहे तो वह शत्रु ही है। —*हितोपदेश*

- जैसे एक छोटे से दीप का प्रकाश बहुत दूर तक फैलता है, उसी तरह इस बुरी दुनिया में भलाई बहुत दूर तक चमकती है। ***–शेक्सपीयर***
- हमारा उद्देश्य संसार के प्रति भलाई करना है, अपने गुणों का गान करना नहीं। ***–स्वामी विवेकानंद***
- जो दूसरों की भलाई करना चाहता है, उसने अपना भला तो कर ही लिया। ***–कन्फ्यूशियस***
- मनसा-वाचा-कर्मणा दूसरों के शरीर को चोट पहुंचाना पाप है और दूसरों को सुख पहुंचाना पुण्य है, भलाई है। ***–शिरडीवाले साईं बाबा***
- जो भलाई करने का सदा प्रयत्न करता है, वह मनुष्य और परमेश्वर, दोनों की कृपा प्राप्त करता है। पर जो बुराई की तलाश में रहता है उसको बुराई ही मिलती है। ***–नीतिवचन 11/27 (बाइबल)***
- भलाई जितनी अधिक की जाती है, उतनी ही अधिक फैलती है। ***–मिल्टन***
- आदमी को चाहिए कि बुराई के बजाय भलाई का रास्ता अपनाए। भलाई करने वाले लोग इस दुनिया में और उसमें भी, दोनों में सुख से रहते हैं। ***–गौतम बुद्ध***
- मनुष्य की भलाई करने के अलावा और अन्य किसी कर्म द्वारा मनुष्य भगवान् के इतने समीप नहीं पहुंच सकता। ***–सिसरो***
- दुर्जनों के साथ भलाई करना सज्जनों के साथ बुराई करने के समान है। ***–शेख़ सादी***
- भलाई से बढ़कर जीवन और बुराई से बढ़कर मृत्यु नहीं है। ***–आदि नारायण***
- जो भलाई से प्रेम करता है, वह देवताओं की पूजा करता है, आदरणीयों का सम्मान करता है और ईश्वर के पास रहता है। ***–इमर्सन***
- अगर तुम किसी की भलाई करते हो तो इह और पर लोकों में तुम्हारी भलाई होती है। बुराई करते हो तो तुम्हारा नाश ही होता है। ***–महाभारत***
- जगत में भलाई ही रह जाती है, इसके अतिरिक्त सब वस्तुएं नष्ट हो जाती हैं। ***–जापानी लोकोक्ति***
- भलाई करना कर्तव्य नहीं आनन्द है, क्योंकि वह तुम्हारे स्वास्थ्य और सुख में वृद्धि करती है। ***–जरथुस्त***
- जो मेरे साथ भलाई करता है, वह मुझे भला होना सिखा देता है। ***–टामस फुलर***

भाग्य

- भाग्य पर वह भरोसा करता है, जिसमें पौरुष नहीं होता। *—प्रेमचंद, कायाकल्प*
- जो आराम करता है, उसका भाग्य भी आराम करता है। जो उठ खड़ा होता है उसका भाग्य भी उठ खड़ा होता है। जो लेटता है, उसका भाग्य भी धराशायी हो जाता है। जो आगे बढ़ता है, उसका भाग्य आगे बढ़ता है। *—विमल मित्र*
- भाग्य को वही कोसते हैं जो कर्महीन हैं। *—जवाहरलाल नेहरू*
- जब ईश्वर देता है, तो छप्पर फाड़कर देता है। *—हिन्दी लोकोक्ति*
- मनुष्यों की अपनी वृद्धि और क्षय का एकमात्र कारण भाग्य ही है। *—भर्तृहरि*
- भाग्य की कल्पना मूढ़ लोग ही करते हैं और भाग्य पर होकर वे अपना नाश कर लेते हैं। *—वाल्मीकि रामायण (अयोध्या.)*
- बालक का भाग्य सदैव उसकी मां के द्वारा निर्मित होता है। *—नेपोलियन*
- भाग्य में न हो तो हाथ में आए धन का भी उपयोग नहीं होता। *—पंचतंत्र*
- तुम्हारा भाग्य तुम्हारे हाथ है। जो शक्ति और सहायता तुम चाहते हो, वह सब तुम्हारे भीतर मौजूद है। इसलिए अपना भाग्य आप ही बनाओ। *—विनोबा भावे*
- बुद्धिमान् लोग पुरुषार्थ द्वारा ही अपने भाग्य को बदल देते हैं। *—अज्ञात*
- उन्नति उसकी होती है, जो प्रयत्नशील हैं। भाग्य के भरोसे बैठे रहने वाले सदा दीन-हीन ही रहेंगे। *—अथर्ववेद 13/3/26*
- जब आदमी का कोई बस नहीं चलता, तो अपने को तकदीर पर ही छोड़ देता है। *—प्रेमचंद, गोदान*
- पहले किए हुए कर्मों के अतिरिक्त भाग्य और कुछ नहीं है। *—योगवासिष्ठ*
- वक्त से पहले, तकदीर से ज्यादा न किसी को मिला है न मिलेगा। *—उर्दू लोकोक्ति*
- जब भाग्य अनुकूल होता है, तब जिनके बारे में कुछ सोचा भी नहीं गया हो, ऐसी सब संपत्तियां आप आ जाती हैं। *—परिमल पदम गुप्त*
- मनुष्य अपने भाग्य का निर्माता स्वयं ही है। *—स्वामी रामतीर्थ*
- मनुष्य को तपस्या से रूप, सौभाग्य और नाना प्रकार के रत्न प्राप्त होते हैं। इस प्रकार कर्म से सबकुछ प्राप्त होता है लेकिन जो भाग्य के भरोसे रहता है, उस अकर्मण्य को कुछ नहीं मिलता। *—वेदव्यास, महाभारत*
- यदि तुम्हारे भाग्य में डूबकर मरना है, तो तुम चम्मच भर पानी में भी डूब मरोगे। *—यहूदी लोकोक्ति*
- पुरुष और पौरुष तभी तक चलते हैं, जब तक भाग्य अनुकूल रहता है। भाग्य के प्रतिकूल होते ही न पुरुष ही रहता है, न पौरुष ही। *—अज्ञात*

❒ कर्म का बीज बोने से तुम आदत की फसल काटोगे। आदत के बीज बोने से तुम चरित्र की फसल काटोगे। चरित्र का बीज बोने से तुम भाग्य की फसल काटोगे। ***—चार्ल्स रीड***

❒ जो कायर है, जिसमें पराक्रम का नाम नहीं, वही भाग्य का भरोसा करता है। ***—अज्ञात***

भूल

❒ भूल करने में पाप तो है ही, परन्तु उसे छिपाने में उससे भी बड़ा पाप है। ***—महात्मा गांधी***

❒ अपनी भूल अपने ही हाथों सुधर जाए तो वह उससे कहीं अच्छा है कि कोई दूसरा उसे सुधारे। ***—प्रेमचंद, रंगभूमि***

❒ यदि तुम भूलों को रोकने के लिए द्वार बंद कर दोगे तो सत्य भी बाहर रह जाएगा। ***—रवीन्द्रनाथ ठाकुर***

❒ मनुष्य में यही भूलें होती हैं कि वह दुनिया को सुधारना चाहता है, पर स्वयं सुधरना नहीं चाहता। ***—मदर वेल***

❒ जब तक मनुष्य उद्योग करता है, उससे भूल होना संभव है। ***—गेटे***

❒ यदि मनुष्य सीखना चाहे तो उसकी हर भूल उसे कुछ शिक्षा दे सकती है। ***—महात्मा गांधी***

❒ अपनी भूल को स्वीकार करने में जो गौरव है, वह अन्याय को चिरायु रखने में नहीं। ***—प्रेमचंद***

❒ जिस क्षण हमें अपनी भूल मालूम हो, उसी क्षण हमारा पुनर्जन्म हुआ मानो। उसे अपना नवीन बचपन, अपने जीवन का नव प्रभात समझो। ***—विनोबा भावे***

❒ सोई हुई आत्मा को जगाने के लिए हमारी भूलें एक प्रकार की दैविक यंत्रणाएं हैं, जो हमें सदा के लिए सतर्क कर देती हैं। शिक्षा, उपदेश, सत्संग किसी से भी हमारे ऊपर उतना प्रभाव नहीं पड़ता, जितना अपनी भूलों के कुपरिणाम को देखकर। ***—प्रेमचंद, सेवासदन***

❒ वह मनुष्य जो भूलें नहीं करता है, प्रायः कुछ नहीं कर पाता है। ***—एडवर्ग जॉन***

❒ भूल करना मनुष्य का स्वभाव है, की हुई भूल को मान लेना और इस तरह आचरण रखना कि जिससे वह भूल फिर न होने पावे—यह मर्दानगी है। ***—महात्मा गांधी***

❒ भूल करके आदमी सीखता तो है पर इसका यह मतलब नहीं कि जीवन भर वह भूल ही करता जाए और कहता फिरे कि अभी तक वह सीख रहा है। ***—अज्ञात***

❒ भूल करना मानवीय और क्षमा करना दैवी गुण है। ***—अलेक्जेंडर पोप***

मन

- अपने मन की गुप्त बातें किसी को न बताओ। मन का भेद दूसरे को देने वाले लोग सदा ही धोखा खाते हैं। —*चाणक्य*
- तुम्हारा मन किन्हीं बुरे विचारों में भटकने न पावे, इसलिए उसे सदैव किसी-न-किसी काम में अटकाए रहो अर्थात् उसे बेकार न बैठने दो। —*अथर्ववेद 6/45/1*
- अपने मन को जीतना कठिन है, लेकिन जब मन को जीत लिया तो सब कुछ जीत लिया। —*उत्तर ध्यान सूत्र*
- सम्पन्नता मन से होती है, धन से नहीं और बड़प्पन बुद्धि से होता है, मूर्खता से नहीं। —*शेख़ सादी*
- जिसने मन को जीत लिया, उसने सारे जगत् को जीत लिया। —*शंकराचार्य*
- दुखते हुए फोड़े में कितना मवाद भरा है, यह उस समय मालूम होता है जब नश्तर लगाया जाता है। मन का विष उस समय मालूम होता है जब कोई उसे खोलकर हमारे सामने रख देता है। —*प्रेमचंद*
- जिन्हें बाल्यकाल से ही मन को वश में करने की आदत पड़ जाती है, वे अपने जीवन को खेद और दुःख, कठिनाई और असफलता से बचाने में समर्थ हो जाते हैं। वे उन कटु अनुभवों से बचने में भी समर्थ हो जाते हैं, जिनके कारण जीवन अंधकारमय हो जाता है। —*स्वेट मार्डेन*
- मन सफेद कपड़े के समान होता है उसे जिस रंग में डुबोओगे, उस पर वही रंग चढ़ जाएगा। —*अज्ञात*
- जब तक मन अस्थिर और चंचल है, तब तक अच्छा गुरु और साधु लोगों की संगति मिल जाने पर भी कोई लाभ नहीं होता। —*रामकृष्ण परमहंस*
- मन के दुःखी होने पर सब कुछ असह्य होता है। —*भारवि*
- यदि मन ही मैला है तो तन के कपड़े धोने से क्या लाभ? —*तुकाराम*
- मन में दुःख होने पर देह भी संतप्त होने लगती है, ठीक वैसे ही जैसे कि तपाए हुए लोहे का गोला डाल देने पर घड़े में रखा शीतल जल भी गर्म हो जाता है। —*महाभारत*
- इसमें संदेह नहीं कि मन चंचल और कठिनता से वश में आने वाला है, परन्तु अभ्यास और वैराग्य से उसे वश में किया जा सकता है। —*गीता*
- जिसके मन होता है, उसे ही चोट लगती है। —*शरत्चन्द्र, चरित्रहीन*
- चलते, खड़े होते, बैठते अथवा सोते हुए जो अपने मन को शान्त रखता है, वह अवश्य ही शांति प्राप्त कर लेता है। —*गौतम बुद्ध*

❐ मन सरसों की पोटली की तरह है। एक बार गिर गई तो सारे दानों को बटोर लेना असंभव-सा हो जाता है। *—रामकृष्ण परमहंस*

❐ मन की प्रसन्नता से समस्त मानसिक और शारीरिक रोग दूर हो जाते हैं। *—अज्ञात*

❐ लाड़ले बच्चे जैसे ही मन हमेशा अतृप्त रहता है, अतः मन का लाड़ कम करके उसे दबाकर रखना चाहिए। *—स्वामी विवेकानंद*

मानव

❐ जो मानव अपने अवगुण व दूसरों के गुण देखता है, वही महान् बन सकता है। *—सुकरात*

❐ प्रकृति की अनुरूपता नहीं, अपितु संघर्ष ही मनुष्य को जो कुछ वह है, बनाता है। *—स्वामी विवेकानंद*

❐ मनुष्य अपने को स्वयं बंधन में डालता है। *—रवीन्द्रनाथ ठाकुर*

❐ केवल मनुष्य ही रोता हुआ जन्मता है, शिकायतें करता हुआ जीता है और निराश मरता है। *—जवाहरलाल नेहरू*

❐ संसार में तीन प्रकार के मनुष्य हैं—नीच, मध्यम, और उत्तम। नीच मनुष्य बाधाओं के भय से काम शुरू ही नहीं करते, मध्यम मनुष्य काम शुरू तो कर देते हैं, लेकिन बाधा पड़ने पर उसे बीच ही में छोड़ देते हैं, केवल उत्तम पुरुष जिस काम को शुरू करते हैं, हजार बाधाएं पड़ने पर भी उसे पूरा करके ही छोड़ते हैं। *—भर्तृहरि*

❐ वह मनुष्य ही क्या है जिससे उसके दोस्त भी भयभीत रहते हों। *—सुकरात*

❐ जैसे चांदी की परख कुठाली पर और सोने की परख भट्ठी में होती है, वैसे ही मनुष्य की परख लोगों के द्वारा की गई प्रशंसा से होती है। *—नीतिवचन 27/21 (बाइबल)*

❐ नीच मनुष्य के साथ मैत्री और प्रेम कुछ नहीं करना चाहिए। कोयला यदि जलता हुआ है, तो छूने से जला देता है और यदि ठंडा है तो हाथ काला कर देता है। *—हितोपदेश*

❐ जो आज मनुष्य तुम्हारा है कल किसी और का था, परसों किसी और का हो जाएगा। *—महाभारत*

❐ इनसान जब पशु बन जाता है, उस समय वह पशु से बदतर होता है। *—रवीन्द्रनाथ ठाकुर*

- ज्यों-ज्यों मनुष्य बूढ़ा होता जाता है, त्यों-त्यों जीवन से प्रेम और मृत्यु से भय होता जाता है। —*जवाहरलाल नेहरू*
- मनुष्य का उद्धार पुत्र से नहीं, अपने कर्मों से होता है। यश और कीर्ति भी कर्मों से ही प्राप्त होती हैं। संतान वह सबसे कठिन परीक्षा है, जो ईश्वर ने मनुष्य को परखने के लिए गढ़ी है। —*प्रेमचंद, कायाकल्प*
- ईमानदार मनुष्य भगवान की सर्वोत्तम कृति है। —*एलेक्जेण्डर पोप*
- मनुष्य का मापदण्ड उसकी सम्पदा नहीं अपितु उसकी बुद्धिमता है। —*टी.एल. बासवानी*
- लोहे पर धार लोहे से ही होती है, ऐसे ही मनुष्य मनुष्य को सुधारता है। —*नीतिवचन 27/19 (बाइबल)*
- जिसमें दया नहीं, धर्म नहीं, निज भाषा से प्रेम नहीं, चरित्र नहीं, आत्मबल नहीं, वे भी कोई आदमी हैं? —*प्रेमचंद*
- हंसमुख, विनोदपूर्ण, आशापूर्ण और संतुष्ट मनुष्य हर जगह अपना मार्ग बना लेता है। सब उसका सम्मान करते हैं, सब उसकी प्रशंसा करते हैं। —*स्वेट मार्डेन*

मित्र/मित्रता

- परदेश में मित्र विद्या होती है, घर में मित्र स्त्री होती है, रोगियों का मित्र औषधि और मरणोपरान्त धर्म ही मित्र होता है। —*चाणक्य नीति 5/15*
- सच्चे मित्र हीरे की तरह कीमती और दुर्लभ होते हैं, झूठे दोस्त पतझड़ की पत्तियों की तरह हर जगह मिलते हैं। —*अरस्तू*
- मित्र बनाना सरल है, मैत्री पालन दुष्कर है। चित्तों की अस्थिरता के कारण अल्प मतभेद होने पर भी मित्रता टूट जाती है। —*वाल्मीकि रामायण*
- मित्र के तीन लक्षण हैं—अहित से रोकना, हित में लगाना और विपत्ति में साथ न छोड़ना। —*अश्वघोष, बुद्ध-चरित*
- दुष्टों की मित्रता दोपहर से पहले की छाया के समान होती है—आरंभ में बड़ी बाद में क्रमशः घटती हुई। सज्जनों की मित्रता दोपहर बाद की छाया के समान होती है—पहले छोटी और बाद में क्रमशः बढ़ने वाली। —*भर्तृहरि, नीतिशतक*
- सामने दूध-सा मधुर बोलने वाले और पीठ पीछे विष भरी छुरी मारने वाले मित्र को छोड़ देना चाहिए। —*हितोपदेश*
- जो मद्यपानादि के समय या आंखों के सामने प्रिय बन जाता है, वह सच्चा मित्र नहीं। जो काम निकल जाने के बाद भी मित्र बना रहता है, वही मित्र है। —*भगवान बुद्ध*

- सच्चा मित्र वह है, जो दर्पण की तरह तुम्हारे दोषों को तुम्हें दर्शावे। जो तुम्हारे अवगुणों को गुण बतावे वह तो खुशामदी है। ***—फूलर***
- संपन्नता तो मित्र बनाती है, किंतु मित्रों की परख विपदा में ही होती है। ***—शेक्सपीयर***
- न तो कोई तुम्हारा मित्र है और न शत्रु, तुम्हारा अपना व्यवहार ही शत्रु अथवा मित्र बनाने का उत्तरदायी है। ***—चाणक्य***
- एक सच्चा मित्र दो शरीर में एक आत्मा के समान है। ***—अरस्तू***
- जीवन में केवल तीन सच्चे मित्र हैं—वृद्ध पत्नी, पुराना कुत्ता और वर्तमान धन। ***—बैंजामिन फ्रेंकलिन***
- विवाह और मित्रता समान स्थितिवालों से करनी चाहिए। ***—हितोपदेश***
- मित्रता करने में धैर्य से काम लो, किन्तु मित्रता कर ही लो तो उसे अचल और दृढ़ होकर निबाहो। ***—सुकरात***
- सज्जनों की मैत्री का जन्म आपस की बातचीत से ही हो जाता है। ***—कालिदास***
- यदि हमारा कोई सच्चा मित्र न हो तो जगत् निर्जन वन के समान प्रतीत होगा। ***—बेकन***
- मित्रों से जहां लेन-देन शुरू हुआ, वहां मन मुटाव होते देर नहीं लगती। ***—प्रेमचंद, गबन***
- जो मित्रता बराबरी की नहीं होती, वह हमेशा घृणा में ही समाप्त होती है। ***—गोल्ड स्मिथ***
- मूर्ख मित्र से बुद्धिमान् शत्रु अच्छा होता है। ***—वेदव्यास***
- अच्छे मित्र का यही लक्षण है कि वह मित्र को पाप से रोकता है, हितकारी कार्यों में लगाता है, उसकी गुप्त बातों को छिपाता है, उसके गुणों को प्रकट करता है, विपत्ति काल में उसका साथ नहीं छोड़ता है और समय आने पर धन देता है। ***—भर्तृहरि, नीतिशतक***
- विद्या, शूरवीरता, दक्षता, बल और धैर्य—ये पांच मनुष्य के स्वाभाविक मित्र बताए गए हैं। विद्वान् पुरुष इनके द्वारा ही जगत् के कार्य करते हैं। ***—वेदव्यास, महाभारत***
- महान् व्यक्तियों की मित्रता नीचों से नहीं होती, हाथी सियारों के मित्र नहीं होते। ***—भारवि***
- मूर्ख मूर्खों के साथ रहते हैं और विद्वान् विद्वानों के साथ। समान शील और व्यसन वालों में मित्रता होती है। ***—विष्णु शर्मा, पंचतंत्र***
- झूठे मित्र हमारे साये की तरह होते हैं, जो धूप में चलते समय तो साथ-साथ चलते हैं, किंतु अंधेरे में साथ छोड़ देते हैं। ***—अज्ञात***

- मनुष्य के सर्वोत्तम मित्र उसके दस अंगुलियों से युक्त हाथ हैं। ***—राबर्ट कैलियर***
- बुद्धिमान् और वफ   ादार मित्र से बढ़कर कोई दूसरा संबंधी नहीं है।
—बैंजामिन फ्रैंकलिन
- मित्र को उधार देना, मित्र को खोना है। ***—सुकरात***
- मित्र का हास-परिहास में भी मन नहीं दुखाना चाहिए। ***—साइरस***
- जो व्यक्ति अकेले में तुम्हें तुम्हारा दोष बताए, उसे अपना मित्र समझो। ***—थैकर***
- नए मित्रों को पाकर जो अपने पुराने मित्रों को भूल जाता है, उस पर नए मित्र भी कभी विश्वास नहीं करते। ***—कबीर***
- आपका सच्चा और सबसे अच्छा दोस्त वह है जो आपकी कमजोरियों की दूसरों से चर्चा नहीं करता, लेकिन आपसे साफ-साफ कह डालता है। ***—सेकर***

मूर्ख/मूर्खता

- जिस क्षण कोई मूर्ख अपने को कम बुद्धिमान् स्वीकार कर लेगा, उसी क्षण उसकी मूर्खता दूर होनी शुरू हो जाएगी। ***—भर्तृहरि, नीतिशतक***
- मूर्ख की तरह बोलने से तो मूर्ख की तरह चुप रहना अच्छा है।
—जर्मन लोकोक्ति
- मूर्ख को उपदेश देना उसके क्रोध को बढ़ाना है, शांत करना नहीं। सांप को दूध पिलाना केवल उसके विष को बढ़ाना है। ***—पोप***
- उसी पत्थर से दोबारा टकराना मूर्खता है। ***—सिसरो***
- जो अपनी मूर्खता से भी कुछ न सीख सके, वह निपट मूर्ख है। ***—हेअर***
- मूर्ख आदमी बिना बुलाए भीतर घुस आता है और बिना पूछे बोलने लगता है, जिस पर विश्वास नहीं करना चाहिए, उसका विश्वास करता है। ***—महाभारत***
- एक गुणवान् पुत्र ही बेहतर है, सौ मूर्ख पुत्र नहीं। एक चंद्रमा सारा अंधकार दूर कर देता है, जो झुंड-के-झुंड तारे नहीं कर पाते। ***—नीतिवचन***
- बुद्धिमान् की शोभा बुद्धि है, किन्तु मूर्ख का आभूषण उसकी मूर्खता है।
—नीतिवचन 14/24 (बाइबल)
- तुम कुछ व्यक्तियों को सदैव मूर्ख बना सकते हो और सभी व्यक्तियों को कुछ समय के लिए मूर्ख बना सकते हो, किन्तु तुम सबको सदैव के लिए मूर्ख नहीं बना सकते।
—अब्राहम लिंकन
- काहिली और खामोशी मूर्ख के गुण हैं। ***—बैंजामिन फ्रेंकलिन***

- मूर्ख अपने को ज्ञानी समझता है। —*हिन्दी लोकोक्ति*
- मूर्ख व्यक्ति परस्पर बातचीत करने वाले दूसरे लोगों की भली-बुरी बातें सुनकर उनसे बुरी बातों को ही ग्रहण करता है, ठीक वैसे ही जैसे सूअर अन्य अच्छी खाद्य वस्तुओं को छोड़कर विष्ठा को ही अपना आहार बनाता है। —*महाभारत*
- मूर्ख अधभरे घड़े की तरह शोर मचाते हैं, पर प्रज्ञावान गंभीर मनुष्य सरोवर की भांति सदा शांत रहते हैं। —*भगवान बुद्ध*
- बाहर ज्ञानी एक घंटे में जितने प्रश्नों के उत्तर दे सकते हैं, उससे कहीं अधिक प्रश्न मूर्ख व्यक्ति एक मिनट में पूछ सकता है। —*लेनिन*
- मूर्ख का मन समझ की बातों में नहीं लगता। वह सदा अपनी ही राय प्रकट करता है। —*नीतिवचन 18/2 (बाइबल)*
- जो पुत्र पैदा ही न हुआ हो अथवा पैदा होकर मर गया हो अथवा मूर्ख हो, इन तीनों में पहले दो ही बेहतर हैं, न कि तीसरा। कारण यह है कि प्रथम दोनों तो एक बार ही दुःख देते हैं, जबकि तीसरा पग-पग पर दुःखदायी होता है। —*हितोपदेश*
- जो मूर्ख अपनी मूर्खता को जानता है, वह धीरे-धीरे सीख सकता है, परंतु जो मूर्ख अपने को बुद्धिमान् समझता है उसका रोग असाध्य है। —*अज्ञात*
- मूर्खों की संगति में रहने वाला मूर्ख ही हो जाता है। —*जातक*
- मूर्ख लोग जो कुछ पढ़ते हैं, उससे अपना अहित करते हैं और जो कुछ वे लिखते हैं, उससे दूसरों का अहित करते हैं। —*रस्किन*
- बिना पढ़े ही गर्व करने वाले, दरिद्र होकर भी बड़े-बड़े मनसूबे बांधनेवाले और बिना काम किए ही धन पाने की इच्छा रखने वाले मनुष्य को पंडित लोग मूर्ख कहते हैं। —*विदुर नीति*
- शास्त्रों में सबकी दवा है, मूर्खों की नहीं। —*भर्तृहरि, नीतिशतक*
- चतुर मनुष्य अपना ज्ञान छिपाकर रखता है, पर मूर्ख अपनी मूर्खता का प्रदर्शन करता है। —*नीतिवचन 12/23 (बाइबल)*
- यदि निर्धनता सभी अपराधों की माता है, तो बुद्धिहीनता (मूर्खता) पिता है। —*ला ब्रूयरे*
- मूर्खों के लिए चुप रहना गुण है। —*बेकन*
- शास्त्र को जाननेवाला भी जो पुरुष लोक-व्यवहार में पटु नहीं होता, वह मूर्ख के समान है। —*चाणक्य*

मृत्यु

- वृद्धावस्था और मृत्यु के वश में पड़े हुए मनुष्य को औषधि, मंत्र, होम और जप भी नहीं बचा पाते हैं। —*वेदव्यास, महाभारत*
- कायर लोग अपनी मृत्यु से पूर्व बहुत बार मरते हैं, किन्तु वीर केवल एक बार ही मृत्यु का स्वाद लेते हैं। —*शेक्सपीयर*
- मृत्यु से भयभीत होना कायरों का काम है, क्योंकि असली जीवन तो मृत्यु ही है। —*सुकरात*
- हम जीते मनुष्य से नहीं डरते, पर मुर्दे से डरते हैं। —*प्रेमचंद, मानसरोवर*
- मृत्यु सारे प्राणियों को भगवान् की दी हुई देन है। फ़र्क सिर्फ समय और तरीके का है। —*महात्मा गांधी*
- मृत्यु का दूत अंधा और बहरा है। यदि उसके नेत्र और कान होते तो जगत् में बहुत से विनाश के हृदय वेधक दृश्य न देख पड़ते। —*सुदर्शन*
- पृथ्वी में जितना कुछ सच है, उसमें से मृत्यु ही तो सबकी अपेक्षा बड़ा सच है। —*विमल मित्र, पर स्त्री*
- पके हुए फलों को जिस तरह डाल से नीचे गिर पड़ने का भय है, उसी तरह जन्मे हुए प्राणियों को मृत्यु का भय लगा रहता है। —*भगवान बुद्ध*
- जन्म के समय मनुष्य चाहे कितना भी धनवान् हो, मृत्यु के समय सर्वथा निर्धन होता है। —*जर्मन लोकोक्ति*
- जिस प्रकार बच्चे अंधेरे में जाने से भयभीत होते हैं, उसी प्रकार मनुष्य मृत्यु से भयभीत होते हैं। —*फ्रांसिस बेकन*
- यदि मृत्यु न होती तो संसार कुरूप दिखाई देता। मृत्यु के कारण ही संसार में सुंदरता है। मृत्यु के कारण ही संसार में प्रेम है। यदि हम अमर होते तो एक दूसरे की बात भी नहीं पूछते। —*साने गुरुजी, भारती संस्कृति*
- मौत को धोखा देने में आता है। वह उस वक्त कभी नहीं आती जब लोग उसकी राह देखते होते हैं। —*प्रेमचंद*
- संसार में ऐसा स्थान नहीं है, जहां कोई मरा न हो। —*जातक*
- मर रहे व्यक्ति के अधरों पर सत्य का वास होता है। —*मैथ्यू आर्नोल्ड*
- मृत्यु तो छुटकारा है और उसका स्वागत उसी तरह किया जाना चाहिए जैसे किसी मित्र का किया जाता है। —*महात्मा गांधी*
- न पुत्र रक्षा कर सकता है, न पिता और न बंधु-बांधव ही। जब मौत आकर धर दबाती है तब न जाति वाले रक्षक हो सकते हैं, न परिवार वाले। —*भगवान बुद्ध*

- मृत्यु न तो मूर्ख को छोड़ा और न बुद्धिमान् को। उसके लिए भले और बुरे समान हैं। ***—फ रीदुद्दीन अत्तार***
- अकाल मृत्यु कदाचित् हमारी दृष्टि में ईश्वर का सबसे बड़ा अन्याय है। यह विपत्ति, श्रद्धा और भक्ति का नाश कर देती है, हमें ईश्वर द्रोही बना देती है। ***—प्रेमचंद***
- वीर मनुष्य अधरों पर मुस्कान लिए मृत्यु से भेंट करते हैं। ***—महात्मा गांधी***
- ऐसा कोई उपाय नहीं कि जिससे मृत्यु न हो। जिसने जन्म लिया है, वह मरेगा अवश्य। प्राणियों का स्वभाव ही मृत्यु है। ***—भगवान बुद्ध***
- यदि तुम चाहते हो कि तुम्हारे मरते ही लोग तुम्हें भूल न जाएं तो पठनीय लिखो या कुछ ऐसा करो कि जो लिखने योग्य हो। ***—बैंजामिन फ्रेंकलिन***
- कुलटा पत्नी, कपटी मित्र, जवाब देने वाला सेवक और सर्प के गृह में रहना मृत्यु ही है, इसमें संदेह नहीं। ***—चाणक्य***

मौन

- मौन सर्वोत्तम भाषण है। अगर बोलना ही हो तो कम-से-कम बोलो। एक शब्द से काम चले तो दो नहीं। ***—महात्मा गांधी***
- वाचालता विनाशक है, मौन में बड़े गुण हैं। ***—विष्णु शर्मा, पंचतंत्र***
- जहां नदी गहरी होती है, वहां जल प्रवाह अत्यंत शांत व गंभीर होता है। ***—शेक्सपीयर***
- मौन के वृक्ष पर शांति के फल फलते हैं। ***—अरबी लोकोक्ति***
- मौन ज्ञानियों की सभा में अज्ञानियों का आभूषण है। ***—भर्तृहरि***
- मौन से कलह का नाश होता है। ***—महात्मा गांधी***
- मौन और एकांत आत्मा के सर्वोत्तम मित्र हैं। ***—विनोबा भावे***
- चींटी से अच्छा कोई उपदेश नहीं देता और वह मौन रहती है। ***—फ्रेंकलिन***
- तिरस्कार दिखाने का सबसे अच्छा ढंग है—मौन। ***—जार्ज बर्नार्ड शॉ***
- क्रोध को जीतने में मौन जितना सहायक होता है, उतनी कोई और वस्तु नहीं। ***—महात्मा गांधी***
- मौन निद्रा के सदृश है। यह ज्ञान में नई स्फूर्ति पैदा करता है। ***—बेकन***
- प्रत्येक स्थान और समय बोलने के योग्य नहीं होते, कभी-कभी मौन रह जाना बुरी बात नहीं है। ***—जयशंकर प्रसाद***

❒ वाह्य मौन से कोई आंतरिक शांति नहीं पा सकता चाहे युगों तक वह मौन क्यों न बैठा रहे। *—गुरुनानक*

❒ मौन की भाषा वाणी की भाषा की अपेक्षा अधिक बलवती होती है। *—शिवानंद*

यौवन

❒ जिन्दगी और दौलत की तरह जवानी को भी जाते देर नहीं लगती। *—जयशंकर प्रसाद*

❒ संसार की सबसे उत्तम देव दुर्लभ वस्तु यौवन है। *—प्रेमचंद, कायाकल्प*

❒ यौवन जीवन में केवल एक बार आता है। *—लांग फेलो*

❒ यौवन, धन-सम्पत्ति, प्रभुत्त्व और अविवेक इन चारों में से हरेक अनर्थकारी होता है। जहां ये चारों होते हैं, वहां की बात ही क्या? *—हितोपदेश*

❒ सोलह वर्ष की होने पर शूकरी जैसी स्त्री भी अप्सरा जैसी लगने लगती है। *—अज्ञात*

❒ यौवन में दिन छोटे प्रतीत होते हैं किन्तु वर्ष बड़े, जबकि वृद्धावस्था में वर्ष छोटे किन्तु दिन बड़े। *—पेनिन*

❒ जवानी की अगर कोई पहचान है, तो वह है जिस्म और दिमाग का लचीलापन। जैसे ही जिस्म में सख्ती आ जाती है, आपकी उम्र ढ़लने लग जाती है। *—जवाहरलाल नेहरू*

❒ यौवन काल जीवन का स्वर्ग है। हमारी दैहिक और मानसिक शक्ति का विकास यौवन है। यदि समस्त संसार की संपदा एक ओर रख दी जाए और यौवन दूसरी ओर तो ऐसा कौन प्राणी है, जो उस विपुल धनराशि की ओर आंख उठाकर भी देखे। *—प्रेमचंद, कायाकल्प*

❒ यौवन विकारों को जीतने के लिए मिला है। उसे हम व्यर्थ ही न जाने दें। *—महात्मा गांधी*

❒ जो मनुष्य जवानी के एक-एक पल का उपयोग करता है, वह कभी बूढ़ा नहीं होता। सदा जवान बने रहने की इच्छा वाला मनुष्य मरते दम तक अपने कर्तव्य पालन में जुटा रहता है। *—सरदार पटेल*

❒ यौवन की नयी उमंग ऐसी चीज है कि उसके जोश में आकर मनुष्य पहाड़ को भी चूर-चूर कर सकता है। *—इमर्सन*

रहस्य

❒ जिसको रहस्य गोपनीय रखना नहीं आता वह सफलता का मुंह नहीं देख सकता।
—चाणक्य

❒ कोई भी ऐसा रहस्य नहीं है, जिसका उद्घाटन नहीं होगा। **—ल्यूक**

❒ यदि तुम अपने रहस्य को किसी शत्रु से छिपाए रखना चाहते हो, तो किसी मित्र तक से उल्लेख मत करो। **—बैंजामिन फ्रेंकलिन**

❒ जो व्यक्ति अपना रहस्य अपने सेवक को बताता है वह सेवक को अपना स्वामी बना लेता है। **—ड्राइडेन**

❒ सत्य का रहस्य वही समझ सकता है जिसे किसी से द्वेष न हो। **—गीता**

❒ जो व्यक्ति अपने रहस्य को छिपाए रखता है, वह अपनी कुशलता अपने हाथ में रखता है। **—हजरत उमर**

❒ कोई व्यक्ति सारी बातें छिपा सकता है किन्तु दो बातें नहीं—एक तो यह कि मदिरा पान किए और दूसरी यह कि वह प्रणय का शिकार है। **—एण्टीफेनीस**

❒ ईश्वर अपने रहस्य कायरों से नहीं खुलवाता। **—इमर्सन**

❒ यदि तुम इच्छा रखते हो कि दूसरे तुम्हारा रहस्य गुप्त रखें, तो प्रथम तुम स्वयं ही इसे गुप्त रखो। **—सेनेका**

❒ रहस्य उसी पर प्रकट हो सकता है जिसे तीव्र अर्न्तदृष्टि प्राप्त है।
—समर्थ रामदास

❒ मितव्ययता का रहस्य यह है कि वेतन दिवस के बाद पहले कुछ दिनों इतनी सस्ती जिन्दगी जियो, जितनी अपने पहले अंतिम कुछ दिनों में जी थी। **—फुलर**

लज्जा

❒ आहार और व्यवहार में जो लज्जा का त्याग कर देता है, वह सुखी रहता है।
—संस्कृत लोकोक्ति

❒ जब हम अपनी भूल पर लज्जित होते हैं, तो यथार्थ बात आप ही आप मुंह से निकल पड़ती है। **—प्रेमचंद, रंगभूमि**

❒ यदि कोई लड़की अपनी लज्जा त्याग देती है तो वह अपने सौन्दर्य का सबसे बड़ा आकर्षण खो देती है। **—सेंट ग्रेगरी**

❒ लज्जा का आकर्षण सौन्दर्य से भी बढ़कर है। **—शेक्सपीयर**

- ❒ लज्जाशीलता रमणियों का सबसे सुंदर आभूषण है। ***—प्रेमचंद, मानसरोवर***
- ❒ सौंदर्य और सद्गुणों का प्रसाद है लज्जा। ***—डिमेड्स***
- ❒ धन और धान्य के प्रयोग में, विद्या के ग्रहण करने में, आहार और व्यवहार में जो लज्जा का त्याग कर देता है, वह सुखी होता है। ***—चाणक्य नीति 12/21***
- ❒ लज्जा दुर्बल स्वभाव का लक्षण है। ***—रवीन्द्रनाथ ठाकुर***
- ❒ लज्जा नारी के चरित्र का दर्पण है। ***—जयशंकर प्रसाद***
- ❒ लज्जा ने सदैव वीरों को पराजित किया है, जो काल से भी नहीं डरते वे भी लज्जा के सामने खड़े होने की हिम्मत नहीं करते। ***—प्रेमचंद***
- ❒ लज्जाशीलता मानव का अलंकार है। बुद्धिमान में यह न हो तो मान सहित चलना भी एक व्याधि है। ***—तिरुवल्लुवर***
- ❒ लज्जा नारी जीवन का अमूल्य रत्न है। उसे जिस नारी ने खो दिया उसका जीवित रहना ही व्यर्थ है। वह चाहे जितने धनवान या भरे-पूरे घर की हो, उसका मूल्य नहीं रहता। ***—महाभारत***
- ❒ जिसको कोई लाज नहीं, उसकी लाज क्या जाएगी? जो अपनी लाज नहीं बचाता, उसकी लाज और कौन बचा सकता है? ***—सरदार पटेल***
- ❒ बेशर्म होना बड़े शर्म की बात है। ***—लेटिन लोकोक्ति***
- ❒ धनहीन प्राणी को जब कष्ट निवारण का कोई उपाय नहीं रह जाता, तो वह लज्जा को त्याग देता है। ***—प्रेमचंद***
- ❒ मलिन मनों की आंखों के सम्मुख लज्जा ढाल के समान है। ***—खलील जिब्रान***
- ❒ लज्जा स्त्री का बहुमूल्य आभूषण है। ***—कोल्टन***

लक्ष्मी

- ❒ जिस घर में मूर्खों की पूजा नहीं होती, जहां अन्न का संचित भंडार रहता है तथा जिस घर में स्त्री-पुरुष में कलह नहीं होता, उस घर में लक्ष्मी अपने आप सर्वदा विद्यमान रहती है। ***—चाणक्य नीति 2/21***
- ❒ धैर्य, मनोनिग्रह, इंद्रिय संयम, पवित्रता, दया, क्रोध, कोमल वाणी और मित्र से द्रोह न करना—ये सात बातें लक्ष्मी को बढ़ाने वाली हैं। ***—विदुरनीति 6/38***
- ❒ जो लक्ष्मी प्राणों के देने पर भी नहीं प्राप्त होती, वह चंचल होती हुई भी नीतिज्ञ मनुष्य के पास अपने आप दौड़ी आती है। ***—नारायण पंडित, हितोपदेश***

- ❒ जिस प्रकार एक युवती वृद्ध पुरुष का आलिंगन नहीं चाहती, उसी प्रकार लक्ष्मी भी आलसी, भाग्यवादी और साहस विहीन व्यक्ति को नहीं चाहती। ***—अज्ञात***
- ❒ लक्ष्मी खुद तो बड़ी आसानी से चली जाती है, पर पीछे बोझा इतना छोड़ जाती है कि बेचारे वाहकों के ढोते नहीं बनता। तब उपाय कुछ नहीं रहता, किन्तु अपाय काफी रह जाता है। ***—रवीन्द्रनाथ ठाकुर***
- ❒ प्रार्थी व्यक्ति को लक्ष्मी मिले या न मिले, किन्तु जिसे स्वयं लक्ष्मी चाहे वह लक्ष्मी के लिए कैसे दुर्लभ हो सकता है? ***—कालिदास***
- ❒ एक साथ ही लक्ष्मी और विवेक का वरदान प्रायः मनुष्यों को कम ही मिलता है। ***—लिवी***
- ❒ जो मैला वस्त्र रखने वाला, दांतों का मैल साफ न करने वाला, अधिक भोजन करने वाला, कटुवादी, सूर्य उदय और अस्त होने तक सोने वाले हैं, उसको लक्ष्मी छोड़ देती है, चाहे वह भगवान् विष्णु ही क्यों न हों। ***—चाणक्य नीति 15/4***
- ❒ लक्ष्मी जिसे अपना प्रिय पात्र बनाती है, उसे मूर्ख बना देती है। ***—बेकन***
- ❒ उत्साही, आलस्यहीन, काम करने का ढंग जानने वाला, निर्व्यसनी, बहादुर और पक्की मित्रता निभाने वाले पुरुष के पास लक्ष्मी निवास करने के लिए स्वयं चली आती है। ***—नारायण पंडित, हितोपदेश***
- ❒ जीवन में बुद्धि का नहीं, लक्ष्मी का साम्राज्य है। ***—सिसरो***
- ❒ सुशील, धर्मात्मा, सबके मित्र और प्राणियों का हित करने में तत्पर बनो। जैसे पानी नीचे की ओर बहता है, वैसे ही संपत्तियां ऐसे पात्र को आश्रय बना लेती हैं। ***—विष्णु पुराण***
- ❒ लक्ष्मी उन्हीं की सहायता करती है, जिनका निर्णय विवेकशील होता है। ***—अज्ञात***
- ❒ जहां मूर्खों की पूजा नहीं होती, जहां धान्य भविष्य के लिए संग्रहीत किया हुआ है, जहां स्त्री-पुरुष में कलह नहीं—वहां मानो लक्ष्मी स्वयमेव आई हुई हैं। ***—चाणक्य नीति***
- ❒ लक्ष्मी की सिफ ' पूजा करने से वह प्रसन्न नहीं होती, बल्कि सिंह के समान उद्यम करने से ही लक्ष्मी प्रसन्न होती है। ***—अज्ञात***

लक्ष्य

- ❒ लक्ष्य को ही अपना जीवन कार्य समझो। हर क्षण उसी का चिंतन करो, उसी का स्वप्न देखो और उसी के सहारे जीवित रहो। ***—स्वामी विवेकानंद***

- ❒ अपने लक्ष्य को न भूलो अन्यथा जो कुछ मिलेगा, उसी में संतोष मानने लगोगे।
  —जार्ज बर्नार्ड शॉ
- ❒ लक्ष्य के बिना कोई भी व्यक्ति मौलिक या रचनात्मक कर्ता नहीं बन सकता और जब तक व्यक्ति एकनिष्ठ होकर अपने मन को किसी एक ही बिन्दु पर एकाग्र नहीं करता, तब तक उन्नति के पथ पर अग्रसर नहीं हो सकता और न अपने जीवनोद्देश्य को प्राप्त ही कर सकता है। ***—स्वेट मार्डेन***
- ❒ जिसका उद्देश्य ऊंचा है, उसे आरामतलबी और लोकप्रियता से बचना चाहिए।
  —इमर्सन
- ❒ अपने जीवन का एक लक्ष्य बनाओ और इसके बाद अपनी शारीरिक और मानसिक शक्ति उसमें लगा दो। ***—कार्लाइल***
- ❒ उठो, जागो और तब तक मत रुको जब तक तुम्हें लक्ष्य की प्राप्ति न हो।
  —स्वामी विवेकानंद
- ❒ व्यक्ति जब किसी लक्ष्य के लिए कड़ा परिश्रम नहीं करेगा, वह उसे प्राप्त नहीं कर पाएगा। ***—अज्ञात***
- ❒ मनुष्य अपने जीवन का लक्ष्य एक बार निर्धारित तो कर ले फिर उसको प्राप्त करने के लिए प्रयत्नशील रहे तो कोई कारण नहीं कि निर्धारित अवधि में वह उस लक्ष्य को प्राप्त न कर सके। मनुष्य में केवल शक्तिशाली आकांक्षा और कार्य के प्रति लगन होनी चाहिए। ***—स्वेट मार्डेन***
- ❒ जैसा तुम्हारा लक्ष्य होगा, वैसा ही तुम्हारा जीवन भी होगा। ***—अज्ञात***
- ❒ लक्ष्यहीन जीवन भटकाव भरा होता है। ***—लोकोक्ति***

लेखक

- ❒ लिखते तो वे लोग हैं, जिनके अंदर कुछ दर्द है, अनुराग है, लगन है, विचार हैं। जिन्होंने धन और भोगविलास को जीवन का लक्ष्य बना लिया है, वह क्या लिखेंगे?
  —प्रेमचंद, गोदान
- ❒ प्रत्येक लेखक किसी-न-किसी सीमा तक स्वयं को ही अपनी कृतियों में चित्रित करता है। ***—गेटे***
- ❒ लिखने में शीघ्रता मुंशी की योग्यता है, लेखक की नहीं। ***—शरत्चन्द्र***
- ❒ प्रतिभा मात्र लेखक नहीं बना सकती। कृति के पीछे एक व्यक्तित्व होना ही चाहिए।
  —इमर्सन

- ❒ अपनी पुस्तकों की प्रशंसा करने वाला लेखक अपने बच्चों की प्रशंसा करने वाली माता के ही समान है। ***–डिजराइली***
- ❒ वह लेखक सबसे अच्छा लिखता है, जो अपने पाठकों का सबसे कम समय लेकर उन्हें सबसे अधिक ज्ञान देता है। ***–सिडनी स्मिथ***
- ❒ जैसे-जैसे लेखकों की संख्या अधिक होती है, पाठकों का निष्क्रिय हो जाना स्वाभाविक है। ***–ओलिवर गोल्ड स्मिथ***
- ❒ साहित्यकार में अनुभूति की जितनी तीव्रता होती है, उसकी रचना उतनी ही आकर्षक और ऊंचे दरजे की होती है। ***–प्रेमचंद***
- ❒ लेखनी तलवार से अधिक शक्तिशाली है। ***–एडवर्ड जार्ज***
- ❒ महान् लेखक अपने पाठक का मित्र व शुभचिंतक होता है। ***–मैकाले***
- ❒ ग्रंथकार किसी विशेष जाति संप्रदाय का नहीं होता, वह हिन्दू, मुसलमान, यहूदी, ईसाई सबकुछ है। ***–शरत्चन्द्र***
- ❒ लेखनी मस्तिष्क की जिह्वा है। ***–सर्वेण्टिन***

लोभ

- ❒ लोभ के फंदे में फंसा हुआ मनुष्य हिंसा भी करता है, चोरी भी करता है, पर स्त्री गमन भी करता है, झूठ भी बोलता है और दूसरों को भी वैसा ही करने के लिए प्रेरित करता है। ***–भगवान बुद्ध***
- ❒ लोभ से बुद्धि नष्ट होती है, बुद्धि नष्ट होने से लज्जा, लज्जा नष्ट होने से धर्म तथा धर्म नष्ट होने से धन और सुख नष्ट हो जाता है। ***–स्वामी विवेकानंद***
- ❒ रुपयों का लोभ सब प्रकार की बुराई की जड़ है। ***–(बाइबल) 6/10***
- ❒ मनुष्य के पास जितना अधिक होता है, उसकी लालसा उतनी बढ़ती जाती है। ***–इतावली लोकोक्ति***
- ❒ लोभी सारा संसार प्राप्त कर लेने पर भी भूखा रहता है। ***–शेख़सादी***
- ❒ सब अनर्थों का मूल लोभ है। ***–हितोपदेश***
- ❒ लोभ तो स्वाभविक है किन्तु अतिशय लोभ मनुष्य का सर्वनाश कर देता है। ***–विष्णु शर्मा, पंचतंत्र***
- ❒ लोभ से ही क्रोध उत्पन्न होता है, लोभ से ही काम की प्रवृत्ति होती है और लोभ से माया, मोह, अभिमान, उद्दण्डता तथा पराधीनता आदि दोष प्रकट होते हैं। ***–वेदव्यास, महाभारत***

- जिस व्यक्ति में लोभ है, उसे दूसरे अवगुण की क्या आवश्यकता है। *—भर्तृहरि*
- लोभ पाप का घर है, लोभ ही पाप की जन्मस्थली है और यही दोष, क्रोध आदि को उत्पन्न करने वाली है। अतः पाप का कारण लोभ है। *—अज्ञात*
- यदि लोभ को हटाना चाहते हो तो तुम्हें पहले उसकी मां विलासता को हटाना होगा। *—सिसरो*
- मनुष्य उत्तम कुल में जन्म लेकर और वृद्ध होने पर भी यदि दूसरों के धन को लेना चाहता है, तो यह लोभ उसकी विचार-शक्ति को नष्ट कर देता है। विचार शक्ति नष्ट होने पर उसकी लज्जा को भी नष्ट कर देता है। *—सुदर्शन*
- जो जन्म से ही अंधा होता है, उसे दिखाई नहीं देता, कामान्ध को भी कुछ नहीं दीखता, जो नशा करके मदोन्मत्त हो जाए, उसे भी कुछ दिखाई नहीं देता और जो किसी स्वार्थ के लोभ से अन्धा हो जाता है, उसे भी किसी काम में कोई दोष दिखाई नहीं देता। *—चाणक्य नीति 6/7*
- मनुष्य लोभ का प्याला पीकर मूर्ख और दीवाना हो जाता है। *—शेख़ सादी*
- अधिक लोभग्रस्त के मस्तक में चक्र-सा घूमता रहता है। *—विष्णु शर्मा, पंचतंत्र*

व्यवहार

- जिस मनुष्य का व्यवहार मधुर होता है, उसका कोई विरोध नहीं करता। जो किसी से द्वेष नहीं करता, उसे किसी प्रकार का भय नहीं होता। ऐसे मनुष्यों को अनेकों सुख स्वयमेव मिलते रहते हैं। *—अथर्ववेद 19/14/1*
- व्यवहार बुद्धि के बिना पंडित भी मूर्ख होते हैं। *—विष्णु शर्मा, पंचतंत्र*
- न तो कोई किसी का मित्र है और न ही शत्रु। व्यवहार से ही मित्र और शत्रु बनते हैं। *—नारायण पंडित, हितोपदेश 1/71*
- जो मिट्टी से भी सोना बनाते हैं, वही व्यवहार-कुशल हैं। *—डिजराइली*
- व्यवहार वह दर्पण है जिसमें हर कोई अपना प्रतिबिम्ब देख सकता है। *—गेटे*
- व्यवहार पोशाक की भांति ही होना चाहिए। जो तंग न हो, बल्कि ऐसा हो जिसमें हरकत और कसरत आसानी से हो सके। *—फ्रांसिस बेकन*
- अच्छे व्यवहार छोटे-छोटे त्याग से बनते हैं। *—इमर्सन*
- जो मनुष्य जिसके साथ जैसा व्यवहार करे, उसके साथ भी उसे वैसा ही व्यवहार करना चाहिए, यह धर्म है। कपटपूर्ण आचरण करने वाले को वैसे ही आचरण के द्वारा दबाना उचित है और सदाचारी को सद्व्यवहार के द्वारा ही अपनाना चाहिए।
—वेदव्यास, महाभारत

- महान् पुरुष अपनी महानता का परिचय छोटे मनुष्यों के साथ किए गए अपने व्यवहार से देते हैं। —*कार्लाइल*
- दूसरों के साथ भी हम वैसा ही उत्तम व्यवहार करें जैसा हम स्वयं औरों से अपेक्षा करते हैं। उत्तम पदार्थों का विनिमय ही सच्ची नीति है। —*ऋग्वेद 5/57/3*
- एक व्यवहार बुद्धि सौ अव्यावहारिक बुद्धियों से अच्छी है।
—*विष्णु शर्मा, पंचतंत्र*
- सभ्य तथा सद्व्यवहार प्रत्येक स्थान पर प्रवेश पत्र का काम करते हैं। —*जानसन*
- पांच वर्ष तक पुत्र को प्यार करें, उसके बाद दस वर्ष तक पुत्र को दंड आदि देकर अच्छे मार्ग पर चलने (विद्या पढ़ने) को प्रेरित करें और सोलह वर्ष के बाद पुत्र को मित्र की भांति व्यवहार करना चाहिए। —*चाणक्य नीति दर्पण 3/18*

वाणी

- मनुष्य के गुण और अवगुण उसकी वाणी से जाने जा सकते हैं। —*शेख़ सादी*
- वाणी मधुर हो तो सब वश में हो जाते हैं। वाणी कटु हो तो सब शत्रु हो जाते हैं।
—*हिन्दी लोकोक्ति*
- व्यर्थ बोलने की अपेक्षा मौन रहना अच्छा बताया गया है। यह वाणी की प्रथम विशेषता है। सत्य बोलना वाणी की दूसरी विशेषता है। प्रिय बोलना वाणी की तीसरी विशेषता है। धर्म बोलना वाणी की चौथी विशेषता है। —*वेदव्यास, महाभारत*
- न शत्रु, न शस्त्र, न अग्नि, न विष और न दारुण रोग ही मनुष्य को उतना संतप्त करते हैं, जितनी कड़वी वाणी। —*नीतिन्दिषाष्टिका*
- बाणों से बींधा हुआ तथा फरसे से कटा हुआ वन भी पनप जाता है, किन्तु कटु वचन कहकर वाणी से किया हुआ भयानक घाव नहीं भरता। —*विदुर नीति 1/78*
- मनुष्य के पास बहुत सोना और मणि हो सकते हैं, परन्तु बुद्धिमान् मनुष्य की वाणी ही अनमोल मोती है। —*नीतिवचन 20/15 (बाइबल)*
- वाणी की कठोरता से उत्पात खड़े हो जाते हैं, इसलिए भले आदमी सदैव शिष्ट वाणी ही बोलते हैं। संयमित वाणी से अनिष्ट की, उत्पात की कोई आशंका शेष नहीं रहती।
—*अथर्ववेद 19/9/3*
- कठोर वचन बोलना सबसे बुरा है, क्योंकि यह तन को जलाकर राख कर देते हैं और सज्जन की बात जल के समान है, इससे अमृतवर्षा होती है और दूसरों को लाभ पहुंचता है। —*कबीर*

- कितना ही दुःखद विषय क्यों न हो, उसकी चर्चा करते समय कठोर भाषा का प्रयोग नहीं करना चाहिए। —*महात्मा गांधी*
- पुरुष की उतनी शोभा न तो बाहुभूषण से, न चन्द्र के समान उज्ज्वल हार से और न बालों को संवारने से, न स्नान से, न उबटन से, न पुष्पों के सिंगार से होती है, जितनी सुसंस्कृत वाणी से होती है। —*भर्तृहरि*
- जो मनुष्य अपने मुंह में लगाम देता है और जीभ को वश में रखता है, वह अपने प्राण को विपत्तियों से बचाता है। —*नीतिवचन 21/23 (बाइबल)*
- पशु न बोलने से कष्ट उठाता है और मनुष्य बोलने से। —*लुकमान*
- किसी से कटु वचन न बोलो। यदि बोलेंगे, तो वह भी तुमसे वैसा ही कटु वचन बोलेगा। झगड़े में दुःख बढ़ता ही है। कटु वचन बोलने से, बदले में तुम्हें दंड मिलेगा। अगर तुम स्वयं चुप रहोगे तो तुम्हें कलह नहीं सताएगा।
—*भगवान बुद्ध*
- कड़ी बात भी हंसकर कही जाए, तो मीठी हो जाती है। —*प्रेमचंद, कायाकल्प*
- संसाररूपी कड़वे वृक्ष के दो फल अमृत के समान हैं—सरस तथा प्रिय वचन और सज्जनों की संगति। —*चाणक्य*
- कटु वचनरूपी बाण मुख से निकल कर दूसरों के मर्म स्थान पर ही चोट करते हैं, उनसे आहत मनुष्य रात-दिन घुलता रहता है। अतः विद्वान् पुरुष दूसरों पर उनका प्रयोग न करें। —*वेदव्यास, महाभारत*
- खीरे की कड़वास निकालने के लिए उसके एक सिरे को काटकर उस पर नमक मलते हैं। कड़वी बात कहने वाले को भी ऐसी ही सजा देनी चाहिए। —*रहीम*
- दूसरों के अप्रिय वचन सुनकर भी उत्तम व्यक्ति सदा प्रिय वाणी ही बोलते हैं।
—*अज्ञात*
- जो वाणी सत्य को संभालती है, उस वाणी को सत्य सम्भालता है। —*विनोबा भावे*
- जो ऐसी वाणी बोलता है, कि सबके हृदय को आनन्दित कर दे, उसके पास दुःखों को बढ़ाने वाली दरिद्रता कभी न आएगी। —*तिरुवल्लुवर*
- जो बोलता है, वह बीज बोता है। जो सुनता है, वह फसल काटता है।
—*रूसी लोकोक्ति*
- कोमल उत्तर से क्रोध शांत हो जाता है, परन्तु कटु वचन से क्रोधाग्नि धधक उठती है।
—*नीतिवचन 15/1 (बाइबल)*
- व्यक्ति के स्वभाव को स्पष्ट करने वाली उसकी वाणी होती है, उसका रूप नहीं।
—*अज्ञात*
- मीठे बोल से ही बदले में मीठा व्यवहार मिलता है। —*भर्तृहरि, नीतिशतक*

विवाह

❒ बुद्धिमान व्यक्तियों को चाहिए कि अच्छे कुल की चाहे कुरूप कन्या ही क्यों न हो, उससे विवाह कर लें किन्तु रूपवती नीच कुल की कन्या का वरण न करें, क्योंकि विवाह समान कुल में ही उत्तम होता है। ***—चाणक्य नीति 1/14***

❒ उत्तम पति से अपनी पुत्री का विवाह करके पिता चिंता रहित हो जाते हैं।
—कालिदास, कुमार संभव

❒ प्रत्येक व्यक्ति विवाह के दूसरे ही दिन से स्वयं को उम्र में सात वर्ष अधिक बूढ़ा अनुभव करता है। ***—फ्रांसिस बेकन***

❒ विवाह का उद्देश्य यही और केवल यही है कि स्त्री और पुरुष एक-दूसरे की आत्मोन्नति का मुख्य साधन हैं। जब अनुराग न रहा, तो विवाह भी न रहा। अनुराग के बिना विवाह का कोई अर्थ ही नहीं।
—प्रेमचंद, मानसरोवर/दो सखियां

❒ विवाह से अनेक दुष्कृत्यों पर प्रतिबन्ध लगता है, इसीलिए यौवन में पदार्पण करने वाले सभी तरुणों को विवाह करना चाहिए। ***—हजरत मोहम्मद***

❒ प्रत्येक स्त्री का यह कर्तव्य है कि वह जितनी जल्दी संभव हो सके, विवाह कर ले और पुरुष का यह कर्तव्य है कि जहां तक संभव हो सके, उससे दूर रहे।
—जार्ज बर्नार्ड शॉ

❒ विवाह के पहले अपनी आंखें पूर्णतया खुली रखो और बाद में आधी बंद।
—बैंजामिन फ्रेंकलिन

❒ प्यार में आदमी सपनों में खोया रहता है, किन्तु शादी होते ही उसकी आंखें खुल जाती हैं। ***—एलेक्जेंडर पोप***

❒ जो विवाह से भयभीत होकर पीछे हटता है, वह उसी के समान कायर है जो युद्ध भूमि से पलायन करता है। ***—महात्मा गांधी***

❒ कन्या का पिता पहले वर देखे, तदनन्तर धन और कुल देखे। यदि वर में कोई दोष है तो धन और कुल से क्या प्रयोजन? ***—अज्ञात***

❒ विवाह सदैव अपने स्वजातियों में करना चाहिए, क्योंकि बेमेल विवाह का परिणाम अच्छा नहीं होता। ***—प्रेमचंद कर्मभूमि***

❒ अपने कुल से ऊंचे कुल में विवाह कर लेने का अभिप्राय है, अपनी स्वतंत्रता को खो देना। ***—मैसेंजर***

❒ प्रथम बार विवाह करना एक पावन कर्तव्य है, दूसरी बार एक मूर्खता और तीसरी बार एक पागलपन। ***—डच लोकोक्ति***

❒ शादी एक लड्डू है। जिसने नहीं चखा, वह भी पछताता है और जिसने चखा है, वह भी। ***–अज्ञात***

❒ विवाह सामाजिक समझौता है, उसे तोड़ने का अधिकार न पुरुष को है न स्त्री को। समझौता करने के पहले आप स्वतंत्र हैं, बाद में आपके हाथ कट जाते हैं।

–प्रेमचंद, गोदान

❒ अच्छी स्त्री से विवाह जीवन के तूफान में बंदरगाह है और खराब स्त्री से विवाह बंदरगाह में ही तूफ   ान है। ***–जे.पी.सेन***

❒ नारी विवाह वाले दिन ही रोती है और पुरुष विवाह के बाद सारी उम्र।

–अज्ञात

❒ विवाह एक जुए के समान है, जिसमें पुरुष को अपनी स्वतंत्रता और स्त्री को अपनी प्रसन्नता दांव पर लगानी पड़ती है। ***–मदाम रियू***

❒ जिसे अपना बना बनाया घर उजाड़ना हो–अपने प्यारे बच्चों की गरदन पर छुरी फेरवानी हो, वह बच्चों के रहते हुए अपना दूसरा ब्याह करे।

–प्रेमचंद, निर्मला

❒ यदि तुम स्वयं को नष्ट करना चाहते हो, तो एक सम्पन्न महिला से विवाह कर लो।

–मिश्लेट

विचार

❒ मैले बरतन में डाला साफ पानी भी मैला हो जाता है, वैसे ही मैले मन में अच्छे विचार भी मैले हो जाते हैं। ***–महात्मा गांधी***

❒ धन, साधन, समय, कर्म तथा स्थान–इन पांचों का स्पष्टतः विचार करके किसी कार्य में प्रवृत्त होना चाहिए। ***–तिरुवल्लुवर***

❒ अच्छा या बुरा कुछ नहीं है, केवल विचार ही किसी वस्तु को अच्छा या बुरा बनाते हैं। ***–शेक्सपीयर***

❒ समय कैसा है, मित्र कौन-कौन है, देश कैसा है, क्या आमदनी है, क्या खर्च है, मैं कौन हूं, मेरी शक्ति कितनी है, इन बातों पर मनुष्य को बार-बार विचार करना चाहिए। ***–चाणक्य नीति***

❒ विचार दो प्रकार के होते हैं। एक वे जिनसे आपका शरीर, आपकी आत्मा व आपका मन पुष्ट होता है और दूसरे वे, जिनसे आपका शरीर व आपकी आत्मा गिरते हैं और निर्बल व हीन होते हैं। पहले प्रकार के विचारों को हम रक्षक कह सकते हैं जबकि दूसरे प्रकार के विचारों को भक्षक। ***–स्वेट मार्डेन***

❐ हमने जो कुछ पढ़ा है उस पर विचार करें, उसे हजम करें और उसे अपने जीवन का अंग बना लें। ***—महात्मा गांधी***

❐ जहां विचार नहीं, वहां कार्य नहीं। अतः मस्तिष्क को उच्च विचारों से, उच्च आदर्शों से भर दो। उन्हें दिन-रात अपने सामने रखो और तब उसमें से महान् कार्य निष्पन्न होगा। ***—स्वामी विवेकानंद***

❐ संसार में न कोई तुम्हारा मित्र है और न शत्रु है। तुम्हारा अपना विचार ही शत्रु और मित्र बनाने के लिए उत्तरदायी है। ***—चाणक्य***

❐ इसे करने से मेरा क्या लाभ होगा और न करने से क्या हानि होगी—इस प्रकार के विषय में भली-भांति विचार करके फिर मनुष्य कोई कम करे अथवा न करे। ***—वेदव्यास, महाभारत***

❐ विना विचार के सीखना परिश्रम नष्ट करना है, बिना शिक्षा प्राप्त किए विचार करना भयावह है। ***—कन्फ्यूशियस***

❐ प्रतिभाशाली तथा पावन हृदय वाले व्यक्ति जिन विचारों को संसार में फैलाते हैं, उनसे संसार में परिवर्तन आता है। ***—इमर्सन***

❐ मनुष्य जैसा जीवन व्यतीत करता है वैसे ही उसके विचार हो जाते हैं। ***—मेक्सिम गोर्की***

❐ दुष्ट विचार ही मनुष्य को दुष्ट कर्म की ओर ले जाता है। ***—उपनिषद्***

❐ यदि आपके विचार शुष्क, नीरस एवं अनाकर्षक हैं, तो आप किसी का मनोरंजन नहीं कर सकते, किसी के हृदय में इसका संचार नहीं कर सकते, किसी को अपनी ओर आकर्षित नहीं कर सकते। ***—स्वेट मार्डेन***

❐ विचार ही हमारी मुख्य प्रेरणा-शक्ति होते हैं। ***—स्वामी विवेकानंद***

❐ विचारों का अजीर्ण भोजन के अजीर्ण से कहीं बुरा है। ***—महात्मा गांधी***

❐ लोकाचार और हृदय में जमे हुए विचार हमारे जीवन में आकस्मिक परिवर्तन नहीं होने देते। ***—सेवा सदन***

❐ मन से कभी बुरे विचार न करो। स्वेच्छाचारी मन बड़े भयंकर दुष्परिणाम पैदा करता है। अतः इसे सदैव वश में रखो और उन्नति प्राप्त करो। अच्छे विचारों से श्रेष्ठ जीवन का निर्माण होता है। इसलिए मन में अच्छे विचार ही लाया करो। ***—अथर्ववेद 19/9/4***

❐ सिर्फ मूर्ख और मुर्दे अपना विचार कभी नहीं बदलते। ***—लोबेल***

❐ मनुष्य अपने विचारों की उपज मात्र है, वह जो कुछ सोचता है, वैसा ही हो जाता है। ***—महात्मा गांधी***

❐ काम करने से पूर्व सोचना बुद्धिमता है। कर्म करते समय सोचना सतर्कता है। काम कर चुकने पर सोचना मूर्खता है। ***—स्वामी शिवानंद सरस्वती***

- अपने मत के विरोधी विचार को अवश्य सुनना चाहिए। —*हेनरी फोर्ड*
- विचार का चिराग बुझ जाने से आचार अंधा हो जाता है। —*विनोबा भावे*

विद्या

- सुख को चाहने वाला विद्या को छोड़ दे। यदि विद्या चाहे तो सुख छोड़ दें। क्योंकि सुखी (आलसी) को विद्या कैसी? और विद्या का इच्छुक है तो सुख (आलस्य) कैसे प्राप्त हो सकता है? —*चाणक्य नीति 10/3*
- जो सीखता है, मगर विद्या का उपयोग नहीं करता, वह किताबों से लदा भारवाहक पशु है। —*शेख़ सादी*
- मानव का सच्चा जीवन साथी विद्या ही है, जिसके कारण वह विद्वान् कहलाता है। —*स्वामी विवेकानंद*
- विद्यारूपी धन सब प्रकार के धन से श्रेष्ठ है। —*संस्कृत लोकोक्ति*
- संसारी धन-दौलत की तुलना में विद्या-धन का मूल्य बहुत अधिक है। विद्या का वैभव धन वैभव से कहीं अधिक मूल्यवान् और विशिष्ट है। —*भर्तृहरि*
- विद्या का अर्थ यह है कि मनुष्य ने जितना अध्ययन किया है, उतना ज्ञान आत्मसात् भी कर लिया है। मनुष्य जो कुछ जानता है, उसे यदि वह प्रकट करता है तो यह एक बहुत बड़ा गुण है। यह गुण मनुष्य की कार्य कुशलता तथा सफलता की कसौटी है। —*स्वेट मार्डेन*
- वे माता-पिता बैरी के समान हैं, जिन्होंने अपने बालक को विद्या नहीं पढ़ाई, क्योंकि बिना पढ़ा हुआ बालक सभा में वैसे ही शोभा नहीं पाता जैसे हंसों के बीच बगुला। —*चाणक्य नीति 2/11*
- विद्या का अंतिम लक्ष्य चरित्र निर्माण होना चाहिए। —*प्रेमचंद*
- विद्या विनय सिखाती है और विनय से मनुष्य में कार्य करने की योग्यता आती है। इस योग्यता से धन प्राप्त होता है, धन से धर्म कार्य किए जा सकते हैं और इससे सुख प्राप्त होता है। —*संस्कृत सुभाषित*
- जिसके पास विद्यारूपी नेत्र नहीं, वह अंधे के समान है। —*हितोपदेश*
- विद्या लाभ विद्यालय के ऊपर नहीं, बल्कि मुख्यतः छात्र के ऊपर निर्भर करता है। —*रवीन्द्रनाथ ठाकुर*
- विद्या कामधेनु के समान गुणवती है, जो हर समय इच्छित फल देती है। विद्या परदेश में माता की तरह रक्षा करती है। विद्या को विद्वान् लोगों ने गुप्त धन भी कहा है इसलिए विद्या का संचय अति आवश्यक है। —*चाणक्य नीति 2/5*

- माता के समान सुख देने वाली कौन है? उत्तम विद्या। देने से क्या बढ़ती है? उत्तम विद्या। —*शंकराचार्य*
- बिना अभ्यास के विद्या नष्ट हो जाती है। —*अज्ञात*
- विद्या के अलावा और कोई श्रेष्ठ दान नहीं है। —*थॉमस फुलर*
- सुंदर, यौवन-संपन्न तथा बड़े कुल में उत्पन्न मनुष्य भी विद्या के बिना वैसे ही सुशोभित नहीं होते जैसे गंधहीन पलाश के फूल। —*चाणक्य नीति 2/8*
- विद्यारूपी धन को चोर चुरा नहीं सकता, राजा दंड के रूप में ले नहीं सकता, भाई हिस्से में बांट नहीं सकता, उसका बोझ नहीं होता, वह दान देने से नित्य बढ़ती है, विद्या सब धनों में श्रेष्ठ है। —*रामायण*
- परमात्मा को प्राप्त करने वाली विद्या ही वास्तव में विद्या है। —*स्वामी विवेकानंद*

विपत्ति

- विपत्ति से बढ़कर अनुभव सिखानेवाला कोई विद्यालय आज तक नहीं खुला। —*प्रेमचंद*
- कटा हुआ वृक्ष भी बढ़ने लगता है। क्षीण हुआ चंद्रमा भी पुनः बढ़कर पूरा हो जाता है। इस बात को समझकर संत पुरुष अपनी विपत्ति में नहीं घबराते। —*भर्तृहरि, नीतिशतक*
- आने वाले संकट को देखकर अपना भावी कार्यक्रम निश्चित करने वाला सुखी रहता है। —*विष्णु शर्मा, पंचतंत्र*
- विपत्तियां मनुष्य को न दुर्बल बनाती हैं, न सबल, वे तो केवल यह प्रकट करती हैं कि वह क्या है? —*अज्ञात*
- विपत्तियों से बढ़कर और कोई बड़ी शिक्षा नहीं है। —*डिजराइली*
- यदि तुम संकट काल में हताश हो जाते हो तो निस्संदेह तुम में शक्ति का अभाव है। —*नीतिवचन 24/10 (बाइबल)*
- कष्ट और विपत्ति मनुष्य को शिक्षा देने वाले श्रेष्ठ गुण हैं, जो मनुष्य साहस के साथ उन्हें सहन करते हैं, वे अपने जीवन में विजयी होते हैं। —*लोकमान्य तिलक*
- विपत्तियां कभी अकेली नहीं आतीं। —*स्वामी रामतीर्थ*
- हर एक आपत्ति अभिशाप नहीं होती। जीवन की प्रारंभिक आपत्तियां अनेक बार आशीर्वाद सिद्ध होती हैं। —*शार्प*
- अग्नि से सोना परखा जाता है और विपत्ति से वीर पुरुष। —*सेनेका*

- विपत्तियां हमें आत्मज्ञान कराती हैं, वे हमें दिखाती हैं कि हम किस मिट्टी के बने हैं।
  —जवाहरलाल नेहरू
- भाग्यहीन मनुष्य जहां जाता है, प्रायः विपत्ति भी वहीं जाती है।
  —भर्तृहरि, नीतिशतक
- विपत्ति के समय महात्माओं की बुद्धि भी मलिन हो जाती है। *—हितोपदेश*
- बचपन में माता की मृत्यु, युवावस्था में पत्नी की मृत्यु, वृद्धावस्था में पुत्रों की मृत्यु और इनसे बड़ी और क्या विपत्ति हो सकती है? *—अज्ञात*
- विपत्ति के आने पर अपनी रक्षा के लिए व्यक्ति को अपने पड़ोसी शत्रु से भी मेल कर लेना चाहिए। *—महाभारत*
- विपत्ति में धैर्य, वैभव में दया और संकट में सहनशीलता—ये महात्माओं के लक्षण हैं।
  —अज्ञात
- न रगड़ के बिना रत्न पर पालिश होती है, न विपत्तियों के बिना आदमी में पूर्णता आती है। *—चीनी लोकोक्ति*
- विपत्ति में भी जिस हृदय में सद्ज्ञान उत्पन्न न हो, वह एक ऐसा सूखा वृक्ष है, जो पानी पाकर पनपता नहीं बल्कि सड़ जाता है। *—प्रेमचंद*
- जो विपत्ति से डरते हैं, वह उन्हीं पर ज्यादा आती है। जो मन को दृढ़ रखते हैं और आने वाले हर एक सुख-दुःख को भगवान का दान समझकर प्रसन्नता से रहते हैं, उसके लिए विपत्ति कोई चीज नहीं। *—अज्ञात*

विश्वास

- आगे बढ़ने के लिए आवश्यक है कि पहले हम स्वयं में विश्वास रखें और फिर ईश्वर में। जिसे स्वयं में विश्वास नहीं, उसे ईश्वर में कभी भी विश्वास नहीं हो सकता। *—स्वामी विवेकानंद*
- जिन्हें अपनी क्षमता पर विश्वास है, वे विजय प्राप्त कर सकते हैं।
  —लेटिन लोकोक्ति
- नदियों का, नख व सींग वाले हिंसक जीव सिंह आदि का, शस्त्रयुक्त पुरुष का, राजा के वंश के लोगों का और स्त्री जाति का विश्वास कभी नहीं करना चाहिए।
  —चाणक्य नीति 1/15
- जब तक किसी मनुष्य के मन में यह विश्वास न हो जाए कि वह जिस वस्तु के लिए प्रयत्न कर रहा है, उसे वह प्राप्त भी करता जा रहा है, तब तक उसे सफलता नहीं मिल सकती। जब तक उसे अपनी सफलता पर पूर्ण भरोसा न हो जाए, वह

कभी सफल नहीं हो सकता। आप उस काम को ठीक प्रकार से कर ही नहीं सकते, जिसकी सफलता में आपको पूर्ण विश्वास न हो। ***—स्वेट मार्डेन***

- किसी भी चीज पर एकदम विश्वास कर लेने की जरूरत नहीं है। मगर बारीकी से जांच करने के बाद जिस चीज पर विश्वास जम जाए, उससे तो उसी तरह चिपटे रहना चाहिए जैसे चींटा गुड़ से चिपटा रहता है। ***—महात्मा गांधी***
- वे ही व्यक्ति महान् और शक्तिशाली बनते हैं, जिन्हें अपने आप पर विश्वास है। ***—विवेकानंद***
- विश्वास जीवन की शक्ति है। ***—टालस्टाय***
- प्रेम सबसे करो, विश्वास कुछ पर करो, किसी का बुरा न करो। ***—शेक्सपीयर***
- विश्वास से विश्वास उत्पन्न होता है और अविश्वास से अविश्वास। यह प्राकृतिक नियम है। यदि आप एक चोर पर भी भरोसा करें तो वह आपका दास हो जाएगा। सारे संसार को लूटे, परन्तु आपको धोखा न देगा। वह कितना ही कुकर्मी, अधर्मी क्यों न हो, पर आप उसके गले में विश्वास की जंजीर डालकर उसे जिस ओर चाहें ले जा सकते हैं। यहां तक कि वह आपके हाथों पुण्यात्मा भी बन सकता है। ***—प्रेमचंद, मानसरोवर***
- विश्वास चाहे व्यक्तियों में हो या शक्ति में, दृढ़ होना चाहिए, तभी वह फलदायक सिद्ध हो सकता है। ***—महात्मा गांधी***
- लोग बहुत बोलने वाले व्यक्ति का विश्वास नहीं करते। ***—बाणभट्ट, कादम्बरी***
- विश्वास और श्रद्धा में बड़ी शक्ति होती है। ***—रामकृष्ण परमहंस***
- विश्वास कार्यसिद्धि का जनक (पिता) है। इससे योग्यता को बल मिलता है। वह दोगुनी हो जाती है, मानसिक शक्तियों को सहारा मिलता है, वे पुष्ट हो जाती हैं, शक्ति बढ़ जाती है। ***—स्वेट मार्डेन***
- विश्वास में विश्वास, अपने आप में विश्वास, ईश्वर में विश्वास—यही महानता का रहस्य है। ***—शेक्सपीयर***
- सच्चा विश्वास हो तो उसके बल पर मनुष्य पर्वतों को भी हिला सकता है। ***—महात्मा गांधी***
- विश्वास उन शक्तियों में से एक है, जो मानव को जीवित रखती है, विश्वास का पूर्ण अभाव ही जीवन का अवसान है। ***—विलियम जेम्स***
- एक मनुष्य को उससे अधिक विश्वास नहीं करने चाहिए जितने वह निभा सके। ***—एलिस***
- आज को पकड़ लो और कल में कम-से-कम विश्वास करो। ***—होरेंस***

विवेक

- विवेकहीन व्यक्ति को केवल स्नेही होने के कारण गुप्त विचारणा में सम्मिलित नहीं करना चाहिए। ***–चाणक्य सूत्र***
- यदि सुंदर स्त्री में विवेक नहीं है, तो वह सूअर के थूथन में सोने की नथ के समान है। ***–नीतिवचन 11/22 (बाइबल)***
- अपने विवेक को अपना शिक्षक बना लो, कर्म को वचन के अनुरूप और वचन को कर्म के अनुरूप कर लो। ***–शेक्सपीयर***
- मन के हाथी को विवेक के अंकुश में रखो। ***–रामकृष्ण परमहंस***
- संसार में रहो परंतु संसार को अपने अंदर मत रहने दो। यही विवेक का लक्षण है। ***–सत्य साईं बाबा***
- विवेक-भ्रष्ट मनुष्य की दुर्गति निश्चय ही होती है। ***–भर्तृहरि***
- असाधारण मात्रा में साधारण ज्ञान को ही विवेक कहते हैं। ***–कॉलरिज***
- आत्मा के लिए विवेक उतना ही महत्त्वपूर्ण है, जितना शरीर के लिए स्वास्थ्य। ***–रोची***
- तुम्हारा विवेक ही तुम्हारा गुरु है। ***–शेक्सपीयर***
- मनुष्य में लक्ष्मी और विवेक कदाचित् ही कभी साथ-साथ मिलते हों। ***–लिवि***
- संकोचरूपी सागर में विवेक को बड़ी नाव बनाकर उस पर अपने वचनरूपी पथिक को बुद्धिरूपी केवट के बल से पार करना चाहते हैं। ***–तुलसीदास***
- विवेक बुद्धि के बिना न्याय संभव नहीं। ***–अज्ञात***
- संदेह के गर्त में गिरने से पहले विवेक का अवलंबन ले लो। ***–जयशंकर प्रसाद***
- विवेक जीवन का नमक और कल्पना उसकी मिठास है। एक उसको सुरक्षित रखता है और दूसरा उसे मधुर बनाता है। ***–बोवी***
- विवेकी मनुष्य को पाकर गुण सुंदरता को प्राप्त होते हैं, सोने से जड़ा हुआ रत्न अत्यंत सुशोभित होता है। ***–चाणक्य***

विद्वान्

- विद्वान् की संसार में प्रशंसा होती है, विद्वान् सारे भूमंडल का गौरव है। विद्या से सभी कुछ मिल जाता है और विद्या की सभी जगह पूजा होती है। ***–चाणक्य नीति***
- विद्वानों का समय काव्य और शास्त्रों के अध्ययन में व्यतीत होता है और मूर्खों का व्यसनों में, निद्रा में तथा लड़ाई-झगड़े में बीतता है। ***–नारायण पंडित, हितोपदेश***

- अभीष्ट फल की प्राप्ति हो या न हो, विद्वान् पुरुष उसके लिए शोक नहीं करता। ***—वेदव्यास, महाभारत***
- विद्वान् तर्क से जिस निर्णय पर पहुंचता है, उसे ऋषि का कथन ही समझना चाहिए। ***—यास्क मुनि***
- किसी वस्तु के दोष का ध्यान न करते हुए विद्वान् उनके गुणों को ग्रहण कर लेते हैं। भौंरा कांटे वाले पौधों की गंध का उपयोग कर लेता है। ***—अज्ञात***
- जिसमें विनय नहीं वह विद्वान् नहीं। ***—अष्टावक्र***
- सुन्दर चेहरा देखकर विद्वता भैंस चराने चली जाती है। ***—भर्तृहरि***
- विद्वान् तो बहुत होते हैं लेकिन विद्या के साथ जीवन का आचरण करने वाले कम होते हैं। ***—सरदार पटेल***
- विद्वता, विद्या और विद्वान् की कद्र विद्वान् ही करते हैं। मूर्खों के बीच विद्वान् की दशा वैसी ही होती है जैसे अंधों के बीच किसी सुन्दरी की और नास्तिकों में धर्म ग्रंथ की। ***—अज्ञात***
- एक ही पुत्र हो, वह विद्वान्, साधु चरित्र का हो तो संपूर्ण कुल ऐसा आनंदित हो जाता है जैसे एक ही चंद्रमा से रात्रि शोभायमान होती है। ***—चाणक्य नीति 3/16***
- जो बेवकूफों के सम्मुख विद्वान् दिखना चाहते हैं, वे विद्वानों को बेवकूफ दिखेंगे। ***—क्विंकट***
- विद्वानों के लिए निश्चय ही कोई चीज़ अज्ञात नहीं होती है। ***—कालिदास***
- विद्वान् कभी अपशब्द का प्रयोग नहीं करता। ***—वुड***
- विद्वान् व्यक्ति कुरूप हो तो सभ्य समाज में सबका श्रद्धापात्र बन जाता है। जैसे छिपा हुआ धन चोरों से सुरक्षित रखकर मौका पड़ने पर काम आता है, वैसे ही विद्वान् की विद्वता को भी कोई चुरा नहीं सकता जो विभिन्न मौकों पर बहुत काम आती है। ***—भर्तृहरि, नीतिशतक***
- विद्वान् व्यक्ति ही धन का सच्चा उपयोग जानता है। ***—लोकोक्ति***

शक

- दही में जितना भी दूध डालिए, दही होता जाएगा। शंकाशील हृदयों में प्रेम की वाणी भी शंका उत्पन्न करती है। ***—हजारी प्रसाद द्विवेदी***
- हमारे संदेह गद्दार हैं। हम जो सफलता प्राप्त कर सकते हैं, नहीं कर पाते। क्योंकि संशय में पड़कर प्रयत्न ही नहीं करते। ***—शेक्सपीयर***

- हम कोई काम शुरू करने का निश्चय करते हैं, पर अकस्मात् शंका उत्पन्न होती है और हमारे सारे उत्साह पर पानी फेर देती है। शंका टोकती है–धीरे चलो, जल्दी मत करो, इस काम का यह उचित अवसर नहीं, शुभ घड़ी की प्रतीक्षा करो, और फिर हम उसे कभी शुरू ही नहीं कर पाते। —*स्वेट मार्डेन*
- जिसके मन में संशय भरा हुआ है, उसके लिए न यह लोक है न परलोक है और न सुख ही है। —*वेदव्यास*
- शंका विनाश का कारण है, शंका करने से बने-बनाए काम बिगड़ते हैं। शंका से शंका बढ़ती है। —*प्रेमचंद*
- एक बार संदेह का बीज मन में पड़ जाए तो व्यक्ति जैसे अपने शत्रु पक्ष पर संदेह करना सीख जाता है, वैसे ही मित्र पक्ष से भी उसका विश्वास उठ जाता है। —*शरत्चन्द्र*
- हम ठीक-ठीक तभी जानते हैं, जब हम कम जानते हैं, ज्ञान के साथ शंका भी बढ़ती है। —*गेटे*
- संदेह से पिंड छुड़ाने का एक ही उपाय है कि उसके विपरीत सोचो। अपने मन में यह विश्वास पैदा करो कि तुमने जो काम शुरू किया है उसके तुम योग्य हो और भलीभांति कर सकते हो। —*स्वेट मार्डेन*
- जिसे संदेह है, उसे कहीं ठिकाना नहीं। उसका विनाश निश्चित है। वह रास्ते चलता हुआ भी नहीं चलता है, क्योंकि वह जानता ही नहीं कि मैं कहां हूं। —*महात्मा गांधी*
- किसी आदमी में स्वभाव के विपरीत आचरण देखकर शंका होती ही है। —*प्रेमचंद, कायाकल्प*
- शंका के बादल विवेक के सूरज को ढंक लेते हैं। —*अज्ञात*
- संदेह सच्ची मित्रता के लिए हलाहल है। —*आगस्टाइन*
- मन में पैदा संदेह को इस प्रकार कुचल दें, जिस प्रकार बेरहमी से किसी सांप को कुचल देते हैं, क्योंकि आप समझते हैं कि सांप से आपके जीवन को खतरा है। इसी प्रकार संदेह भी आपके जीवन को खत्म कर सकता है। यह सांप से भी अधिक भयंकर है। —*स्वेट मार्डेन*

श्रद्धा

- श्रद्धा हृदय की उच्च भावना का प्रतीक है। इससे मनुष्य का आध्यात्मिक जीवन सफल होता है और धन प्राप्त कर सुखी होता है। —*ऋग्वेद*

- श्रद्धा के अभाव में मनोकामना की पूर्ति कठिनाई से हो सकती है।
  —महात्मा गांधी
- श्रद्धा ही समस्त धर्मों के लिए अत्यन्त हितकर है। श्रद्धा से ही मनुष्य को दोनों लोकों में सिद्धि प्राप्त होती है। *—स्कन्द पुराण*
- श्रद्धालु पुरुष को धर्म का लाभ होता है। श्रद्धालु ही धन पाता है, श्रद्धा से ही कामनाओं की सिद्धि होती है तथा श्रद्धालु पुरुष ही मोक्ष पाता है।
  —नारद पुराण
- ज्ञान प्राप्त करने के लिए श्रद्धावान् होना आवश्यक है और उसके साथ इंद्रिय संयमी भी। ज्ञान प्राप्त होने पर शीघ्र ही शांति की प्राप्ति होती है।
  —श्रीमद्भगवद् गीता
- हमारी श्रद्धा अखंड बत्ती जैसी होनी चाहिए। हमको तो प्रकाश देती है, लेकिन आसपास भी देती है। *—महात्मा गांधी*
- श्रद्धा देवताओं को भी खींच लाती है। *—प्रेमचंद, कायाकल्प*
- श्रद्धा का आश्रय लिए बिना धर्म के मार्ग पर नहीं चला जा सकता। चाहे और कुछ भी न हो, परन्तु परमात्मा पर श्रद्धा जरूर होनी चाहिए। श्रद्धा से सारे पाप भस्म हो जाते हैं। *—अज्ञात*
- बिना श्रद्धा के किया हुआ शुभ कर्म सब असत् कहलाता है। वह न तो इस लोक में लाभदायक होता है न मरने के बाद परलोक में। *—श्रीमद्भगवद् गीता*
- देवता की प्रसन्नता तो श्रद्धा के गौरव से होती है। *—कर्णपूर*
- श्रद्धा के द्वारा लोग शुभ व पवित्र कर्म करते हैं इसलिए आत्मचिन्तन, ईश्वर आराधना आदि के कार्य श्रद्धापूर्वक करने चाहिए। श्रद्धा सांसारिक और पारमार्थिक व्यवहार में सफलता का आधार है, इसलिए अपना जीवन श्रद्धा से ओत-प्रोत हो।
  —ऋग्वेद
- श्रद्धा का अर्थ अंधविश्वास नहीं है। किसी ग्रंथ में कुछ लिखा हुआ या किसी व्यक्ति का कुछ कहा हुआ अपने अनुभव बिना सच मानना श्रद्धा नहीं है।
  —स्वामी विवेकानंद
- जो काम हाथ में लेना हो, उसमें पूरी श्रद्धा होनी चाहिए। श्रद्धा होने पर ही काम मन और लगन से किया जा सकता है। *—अज्ञात*
- जहां बड़े-बड़े बुद्धिमानों की बुद्धि काम नहीं करती, वहां एक श्रद्धा काम कर जाती है। *—महात्मा गांधी*
- वह श्रद्धा ही है, जो एक मनुष्य को बड़ा और दूसरे को छोटा बनाती है।
  —स्वामी विवेकानंद

- जो अमीरों को लूटकर दीन दुःखी प्राणियों का पालन करता है, मुझे उन पर घृणा के बदले श्रद्धा होती है। —*प्रेमचंद, मानसरोवर*
- दर्शन-शास्त्र की आवश्यकता तब पड़ती है, जब परम्परा में श्रद्धा हिल जाती है। —*डॉ. राधाकृष्णन्*

शांति

- अपने भीतर शांति प्राप्त हो जाने पर सारा संसार भी शांत दिखाई देने लगता है। —*योगवाशिष्ठ*
- शांति मानव जीवन के लिए एक परम पावन और वांछनीय निधि है। शांति बाहर की किसी चीज से नहीं मिलती। वह अपने अंदर की चीज है। —*महात्मा गांधी*
- संतोषरूपी अमृत से जो लोग तृप्त होते हैं, उन्हें जो शांति और सुख मिलता है, वह धन के लोभियों को इधर-उधर दौड़ने से भी प्राप्त नहीं होता। —*चाणक्य*
- जंगली जानवरों के बीच में शांति मिल सकती है, लेकिन सांसारिकता में लीन मनुष्यों के बीच में शांति का मिलना कठिन है। —*श्री सत्य साईं बाबा*
- जो कुछ मिले उसी में संतोष तथा दूसरों से ईर्ष्या न करना ही शांति की कुंजी है। —*धम्मपद*
- क्रोध से सब काम वैसे नहीं बनते, जैसे शांति से। —*श्रीमद्भगवद् गीता*
- हम सुबह से रात्रि तक क्षुधा शांति हेतु प्रयास करते हैं, किन्तु कभी भी तृप्त नहीं होते, जबकि शांत व्यक्ति सदा सुखी रहते हैं। —*अज्ञात*
- शांति में ही विकास है। —*जवाहरलाल नेहरू*
- चाहे वह राजा हो या किसान, वह सबसे ज्यादा सुखी है, जिसे अपने घर में शांति प्राप्त होती है। —*गेटे*
- शांति का मूलाधार शक्ति है। —*महाभारत*
- शांति का सीधा संबंध हमारे हृदय से है, सहृदय होकर शांति की खोज कीजिए। —*चिदानंद*
- शांति से बड़ा कोई तप नहीं, क्योंकि क्रोध में इनसान अपना सबकुछ भूलकर पागल हो जाता है। —*शुक्राचार्य*
- शांति के अतिरिक्त कोई दूसरा आनंद नहीं है। —*टेनिसन*
- जिसके अंतरंग में शांति है, उसे वाह्य वेदना कभी कष्ट नहीं दे सकती है। —*मुनि गणेश वर्णी*

- जिसमें शांति का निवास नहीं है, उसके सारे सद्गुण व्यर्थ हैं। —*रस्किन*
- संपत्ति एवं स्वास्थ्य से भी अधिक मन की शांति का मूल्य जीवन में कहीं अधिक है।
  —*सर्वपल्ली डॉ. राधाकृष्णन*
- अपनी आवश्यकताएं कम करके आप वास्तविक शांति प्राप्त कर सकते हैं।
  —*महात्मा गांधी*

शिक्षा

- जीवन को सफल बनाने के लिए शिक्षा की जरूरत है, डिग्री की नहीं। हमारी डिग्री है—हमारा सेवाभाव, हमारी नम्रता, हमारे जीवन की सरलता। अगर यह डिग्री नहीं मिली, अगर हमारी आत्मा जागरित न हुई तो कागज की डिग्री व्यर्थ है।
  —*प्रेमचंद, कर्मभूमि*
- जो मनुष्य अपने भाई, मित्र, गुरु और स्वामी की शिक्षा को सिर पर रखकर नहीं मानता, वह जी भरकर पछताता है और हानि उठाता है। —*गोस्वामी तुलसीदास*
- सच्ची शिक्षा तो वह है, जिसके द्वारा हम अपने को, आत्मा को, ईश्वर को, सत्य को पहचान सकें। —*महात्मा गांधी*
- आजकल शिक्षा तो रोटी कमाने का एक धंधा-सा हो गया है। यह शिक्षा नहीं, मजदूरी है। उससे राष्ट्र की उन्नति नहीं, उलटे अवनति ही होगी। —*लोकमान्य तिलक*
- ऐसे माता-पिता शत्रु के समान होते हैं, जो अपनी संतान को पढ़ाते नहीं, उनको शिक्षित नहीं करते। अशिक्षित बालक किसी सभा में जाने पर उपेक्षित रहता है, जैसे हंसों के बीच बगुला। —*चाणक्य*
- शिक्षा का मतलब केवल पढ़ना-लिखना सीख लेना ही नहीं है। इसका मतलब है, व्यक्तित्व का विकास। इसके बिना मनुष्य उन्नति की चोटी पर नहीं पहुंच सकता।
  —*स्वेट मार्डेन*
- शिक्षा के बिना मानव पशु के समान है। —*महात्मा गांधी*
- शिक्षा का सबसे बड़ा उद्देश्य आत्मनिर्भर बनाना है। —*सैम्युअल स्माइल्स*
- सारी शिक्षा का ध्येय है मनुष्य का विकास। वह मनुष्य जो अपना प्रभाव सब पर डालता है, जो अपने संगियों पर जादू-सा असर कर देता है, शक्ति का एक महान् केन्द्र है और जब वह मनुष्य तैयार हो जाता है, तो वह जो चाहे कर सकता है।
  —*स्वामी विवेकानंद*
- संसार में जितने प्रकार की प्राप्तियां हैं, उनमें शिक्षा सबसे बढ़कर है।
  —*निराला*

- कभी-कभी उन लोगों से शिक्षा मिलती है, जिन्हें हम अभिमानवश अज्ञानी समझते हैं।
 —*प्रेमचंद, सेवासदन*
- शिक्षित मनुष्य अशिक्षित मनुष्यों से उतने ही श्रेष्ठ हैं, जितने जीवित मनुष्य मृतकों से।
 —*अरस्तू*
- शिक्षा का ध्येय मनुष्य के ज्ञान में वृद्धि करना ही नहीं अपितु उसका ध्येय मनुष्य के मस्तिष्क को विकसित करना है। —*डाडेट*
- शिक्षा जीवन के लिए है, जीविका के लिए नहीं। —*श्री सत्य साईं बाबा*
- शिक्षित के लिए सभी देश और सभी नगर अपने बन जाते हैं। —*तिरुवल्लुवर*
- शिक्षाएं उनकी ग्रहण करें जो विद्वान् हों और श्रेष्ठ कर्म करते हों, खोटे स्वभाव के व्यक्तियों को सदैव दूर ही रखना चाहिए। इसी में मनुष्य का कल्याण निहित है।
 —*ऋग्वेद*
- विदेशी माध्यम के द्वारा वास्तविक शिक्षा असंभव है। —*महात्मा गांधी*
- जो मनुष्य हंसी उड़ाने वालों को शिक्षा देता है, वह स्वयं अपमानित होता है। दुर्जनों को चेतावनी देने वाला अपने पैरों पर कुल्हाड़ी मारता है।
 —*बाइबल, नीतिवचन 9/7*
- शिक्षा प्राप्त करने के तीन आधार स्तम्भ हैं—अधिक निरीक्षण करना, अधिक अनुभव करना एवं अधिक अध्ययन करना। —*केथराल*
- शिक्षा यदि किसी घटिया प्राणी से भी मिले तो लेने में संकोच नहीं करना चाहिए।
 —*चाणक्य*
- जो अहंकारी को शिक्षा देता है, उसे स्वयं शिक्षा की आवश्यकता है।
 —*शेख़ सादी*

सफलता

- सफलता का कोई रहस्य नहीं है। वह केवल अति परिश्रम चाहती है।
 —*हेनरी फोर्ड*
- सफलता का पहला सिद्धांत है काम-अनवरत काम। —*रामतीर्थ*
- मनुष्य के लिए जीवन में सफलता का रहस्य हर आने वाले अवसर के लिए तैयार रहना है। —*डिजरायली*
- पवित्रता, धैर्य और अध्यवसाय इन्हीं तीन गुणों से सफलता मिलती है और सर्वोपरि है प्रेम। —*विवेकानंद*

- सफलता प्राप्त करना चाहते हो तो अपनी शक्तियों को पहचानो। जीवन में अनेक विघ्न-बाधाएं आती हैं, इनसे संघर्ष करने के लिए आत्मविश्वासी होना चाहिए।
  —*अथर्ववेद 19/13/5*
- सफलता का रहस्य विवेक, श्रम, चरित्रबल और व्यावहारिकता—इन चार साधनों में निहित होता है। —*महात्मा गांधी*
- जिस व्यक्ति में सफलता के लिए आशा और आत्मविश्वास है, वही व्यक्ति जीवन की सभी कठिनाइयों को झेलते, हंसते-हंसते जीवन के उच्च शिखर पर पहुंच जाते हैं।
  —*स्वेट मार्डेन*
- अगर तुम एक समय में बहुत-सा काम करना चाहोगे तो तुम किसी भी काम में पूर्ण सफलता प्राप्त नहीं कर सकोगे। —*जान्स नारमेंट*
- सफलता का पहला रहस्य है—आत्म-विश्वास। —*इमर्सन*
- उत्साह, सामर्थ्य और मन में हिम्मत न हारना—ये कार्य की सिद्धि कराने वाले गुण कहे गए हैं। —*वाल्मीकि रामायण*
- सफलता ऐसी सीढ़ी है, जिस पर तुम अपने हाथ जेब में डालकर नहीं चढ़ सकते।
  —*अंग्रेजी लोकोक्ति*
- उस व्यक्ति के लिए कुछ भी असंभव नहीं है, जो संकल्प कर सकता है और फिर उस पर आचरण कर सकता है, सफलता का यही नियम है। —*मोराबी*
- संसार में किसी काम का अच्छा या बुरा होना उसकी सफलता पर निर्भर है।
  —*प्रेमचंद, रंगभूमि*
- उद्देश्य में निष्ठा सफलता का रहस्य है। —*डिज़रायली*
- सफलता का रहस्य वेदान्त को व्यवहार में लाना है। व्यावहारिक वेदान्त ही सफलता की कुंजी है। —*रामतीर्थ*
- यदि तुम जीवन में सफलता पाना चाहते हो तो धैर्य को अपना घनिष्ट मित्र, अनुभव को अपना बुद्धिमान् परामर्शदाता और सावधानी को अपना बड़ा भाई बना लो और आशा को अपनी संरक्षक प्रतिभा। —*एडीसन*
- आप जिस शक्ति और सफलता को प्राप्त करना चाहते हैं। उसकी सामर्थ्य आपके अपने अंदर है, अतः अपना भविष्य स्वयं बनाइए। —*रामतीर्थ*
- किसी कठिन कार्य में सफल हो जाना आत्मविश्वास के लिए संजीवनी के समान है।
  —*प्रेमचंद, कायाकल्प*
- जो धैर्यवान् है और मेहनत से नहीं घबराता, सफलता उसकी दासी है।
  —*ईसा मसीह*
- सफलता का रहस्य है दृढ़ संकल्प, मेहनत और साहस। —*स्वामी विवेकानंद*

- सफलता का गूढ़ रहस्य यह है कि आपको अपने विषय की पूरी जानकारी हो जो केवल निरन्तर अध्ययन से ही प्राप्त होती है। ***—डिज़रायली***

समय

- समय वह जड़ी है जो तमाम रोगों का इलाज कर देती है। ***—बैंजामिन फ्रेंकलिन***
- कोई ऐसी घड़ी नहीं बन सकती, तो गुजरे हुए घंटे को फिर से बजा दे। ***—प्रेमचंद***
- जो समय आज निकल जाएगा वह फिर आने का नहीं। समय बड़ा बलशाली है, यह जानकर, ज्ञानी लोग सदैव समय का सदुपयोग करते हैं। ***—अथर्ववेद 19/53/1***
- आदमी अगर निकम्मी बात छोड़े और काम की थोड़े-थोड़े शब्दों में कहे, तो बहुत समय अपना और दूसरों का बचा लेता है। ***—महात्मा गांधी***
- समय हाथ से निकल जाने के बाद केवल पश्चात्ताप ही हाथ लगता है। ***—स्वेट मार्डेन***
- धरती के सारे खजाने भी एक खोया हुआ क्षण वापस नहीं ला सकते। ***—फ्रांसीसी लोकोक्ति***
- मैंने समय नष्ट किया और अब समय मुझे नष्ट कर रहा है। ***—शेक्सपीयर***
- समय महान् चिकित्सक है। ***—डिजरायली***
- ठीक समय पर किया हुआ थोड़ा-सा भी कार्य बहुत उपकारी होता है और समय बीतने पर किया हुआ महान् उपकार भी व्यर्थ हो जाता है। ***—योगवाशिष्ठ***
- क्या तुम्हें अपने जीवन से प्रेम है? तो समय को व्यर्थ मत गंवाओ, क्योंकि जीवन उसी से बना है। ***—बैंजामिन फ्रेंकलिन***
- आनन्द और कर्म से घंटे छोटे प्रतीत होते हैं। ***—शेक्सपीयर***
- जो समय बचाते हैं, वे धन बचाते हैं और बचाया हुआ धन कमाए हुए के बराबर है। इसलिए जिन्हें समय का मूल्य नहीं, वे दुनिया का कितना धन खो देते होंगे। इसका हिसाब कौन लगा सकता है? ***—महात्मा गांधी***
- वह किसी महान् कार्य के लिए उत्पन्न नहीं हुआ, जो समय का मूल्य नहीं जानता। ***—वूनवेनर्ग***
- किसी सत्कार्य को करने के लिए जो यह कहते हैं कि हमारे पास समय नहीं है, वे वास्तव में आलसी हैं। समय हर मनुष्य के पास है, पर उसका उपयोग करने के लिए हमें आलस्य त्यागना होगा। ***—जार्ज बर्नार्ड शॉ***

- ❐ समय चुनना समय बचाना है। *–फ्रांसिस बेकन*
- ❐ जो अपने समय का सबसे अधिक दुरुपयोग करते हैं, वे ही समय की कमी की सबसे अधिक शिकायत करते हैं। *–ब्रूयर*
- ❐ समय ही धन है। *–बुल्वर लिटन*

सद्गुण

- ❐ जो अपने सद्गुण के आधाार पर श्रेष्ठ कर्म करने का प्रयत्न करते हैं, उन्हें संसार में विद्या, धन और यश मिलता है। *–ऋग्वेद 6/5/5*
- ❐ सद्गुणों का होना ही काफी नहीं है। उन्हें व्यवस्थित रखना भी नितांत आवश्यक है। *–रोशफोकाल्ड*
- ❐ सारे सद्गुण विनय के अधीन हैं। विनय नम्रता से आती है, अतएव जो पुरुष नम्र है, वही सद्गुण संपन्न होता है। *–अज्ञात*
- ❐ जब तक जीवन है, सद्गुणों की आराधना करते रहना चाहिए। *–उत्तराध्ययन*
- ❐ धन संपदा घर की शोभा बढ़ाती है। सद्गुण मनुष्य की शोभा बढ़ाता है। *–चीनी लोकोक्ति*
- ❐ अन्न जिस तरह भूख मिटाता है, वैसे ही सद्गुणों को अपने जीवन में धारण कर हम दोष-दुर्गुणों को दूर भगावें। *–अथर्ववेद 5/14/2*
- ❐ सद्गुणों को पाने के लिए प्रयत्न करो, बाहरी आडम्बरों से क्या लाभ है? ठांठ गाय केवल गले में घंटी बांधने से ही नहीं बिकती। *–अज्ञात*
- ❐ व्यक्ति की कद्र धन से नहीं सद्गुण व शीलता से होती है। *–सुकरात*
- ❐ पाप आत्मा का शत्रु है और सद्गुण आत्मा का मित्र है। *–महावीर*
- ❐ जिसमें करुणा नहीं, उसमें सद्गुण नहीं। *–हज़रत मुहम्मद*
- ❐ धन से सद्गुण उत्पन्न नहीं होते, बल्कि सद्गुणों से ही धन एवं अन्यान्य इच्छित वस्तुएं प्राप्त होती हैं। *–कन्फ्यूशियस*
- ❐ सम्मान ही सद्गुण का पुरस्कार है। *–सिसरो*
- ❐ दान करके उसे गुप्त रखना, घर आए शत्रु का भी सत्कार करना, परोपकार करके कहना नहीं और दूसरे के उपकार को प्रकट करते रहना, धन-वैभव होने पर अभिमान न करना, किसी के पीठ पीछे उसकी निन्दा न करना, अपना दोष बताए जाने पर उत्तेजित न होना और अपने प्रति उपकार करने वाले के प्रति हमेशा कृतज्ञ रहना–ये ऐसे सद्गुण हैं जो किसी भी पुरुष को महापुरुष बना देते हैं। *–अज्ञात*
- ❐ नम्रता सद्गुणों की आधारशिला है। *–कनफ्यूशियस*

सज्जन/सज्जनता

- महापुरुष घोर विपत्ति के समय भी धैर्य नहीं छोड़ते, अधिक उन्नति होने पर क्षमाशील बने रहते हैं, सभा में बोलते हुए वाक्पटु दीखते हैं, युद्ध के समय पराक्रम धारण किए रहते हैं, यश प्राप्त करने में गहरी अभिरुचि होती है, शास्त्रों के अध्ययन का उन्हें बड़ा चस्का होता है—ये सभी गुण सज्जन पुरुषों में स्वभाव से ही पाए जाते हैं।
  —*भर्तृहरि, नीतिशतक*

- सज्जन को उसकी त्रुटि बताओ, वह उसे सुधार कर गुण में बदल देगा। दुष्ट को उसकी त्रुटि बताओ, वह अपने अंदर दोगुना अवगुण पैदा कर लेगा।
  —*अंग्रेजी लोकोक्ति*

- कुलीन व सज्जन व्यक्ति क्रोधित होने पर भी अवचनीय नहीं बोलता, निश्चय ही गन्ना निचोड़े जाने पर मीठा ही उगलता है। दुर्जन, नीच व्यक्ति सैकड़ों गुणों से शोभित होने पर भी जो हंसी में कहता है, वह झगड़े में भी कथनीय नहीं होता।
  —*अज्ञात*

- जो मनुष्य दुष्ट से धन लेकर सज्जन को देता है, वह स्वयं को नाव बनाकर दोनों को पार लगा देता है। —*मनुस्मृति 1/19*

- सज्जन की सलाह न मानने वाला और दूसरों से विशेष बनने या यत्न करने वाला मारा जाता है। —*विष्णु शर्मा, पंचतंत्र*

- जैसे चन्द्रमा-चाण्डाल को भी रोशनी देता है वैसे ही सज्जन पुरुष गुणहीन प्राणियों पर भी दया करते हैं। —*चाणक्य*

- बड़प्पन अमीरी में नहीं, ईमानदारी और सज्जनता में सन्निहित होती है।
  —*श्रीराम शर्मा आचार्य*

- सज्जन से सज्जन मिले तो दो-दो बातें होती हैं, गधे से गधा मिले तो दो-दो लात खाते हैं। —*कबीर*

- दुष्ट के मन में कुछ और, वचन में कुछ और तथा कार्य में कुछ और रहता है। महान्, सज्जन पुरुषों के मन, वचन और कार्य में समानता रहती है।
  —*नारायण पंडित, हितोपदेश*

- सांप को दूध पिलाने से केवल उसका विष ही बढ़ता है। —*संस्कृत लोकोक्ति*
- मेघों के समान सज्जन पुरुष भी दान करने के लिए ही किसी वस्तु को ग्रहण करते हैं। —*कालिदास*
- सज्जन चाहे फटे हाल ही हो, बड़प्पन के पूरे ठाठवाले दुर्जन से अधिक शक्तिशाली होता है। —*मैसिंजर*

- संसार में इससे बढ़कर हंसी की दूसरी बात नहीं हो सकती कि जो दुर्जन हैं, वे स्वयं ही सज्जनों को दुर्जन कहते हैं। *–वेदव्यास, महाभारत*
- सज्जन पुरुष कभी किसी पुरुष को पीड़ित नहीं करता। *–सी. न्यूमैन*
- सज्जनों का स्वभाव सूप के समान होता है जो दोष रूप कंकड़ आदि को दूर कर देता है और गुण रूप धान्य को अपने पास रख लेता है। दुर्जनों का स्वभाव चलनी के समान होता है, जो दोष रूप चोकर आदि अपने पास रख लेती है और गुण रूप आटे आदि को अलग गिरा देती है। *–भर्तृहरि*

सदाचार

- जो सदाचरण का पालन नहीं करते उन्हें शिक्षित होने पर भी उसी प्रकार लाभ नहीं मिलता जैसे जादू की गाय दूध नहीं देती। *–ऋग्वेद 10/71/5*
- सदाचार से मनुष्य को आयु प्राप्त होती है, लक्ष्मी प्राप्त होती है। इसके अलावा लोक और परलोक में कीर्ति प्राप्त होती है। सदाचार कल्याण उत्पन्न करके बुरे लक्षणों को नष्ट करता है। *–वेदव्यास, महाभारत*
- सदाचार का उल्लंघन करके कोई कल्याण नहीं पा सकता। *–विष्णु पुराण*
- ऐसा कोई वास्तव में महान् व्यक्ति नहीं हुआ जो वास्तव में सदाचारी न रहा हो। *–बैंजामिन फ्रेंकलिन*
- मनुष्य अपना जीवन-लक्ष्य प्राप्त करे, इसका एक ही उपाय है और वह है–सदाचरण। हम धर्म पर चलते हुए सौ वर्ष तक जीने की कामना करें। *–यजुर्वेद 40/2*
- सदाचार से धर्म उत्पन्न होता है तथा धर्म से आयु बढ़ती है। *–वेदव्यास, महाभारत*
- जो शरीर, वाणी तथा मन से संयत है, मन से कोई पाप नहीं करता तथा स्वार्थ के लिए झूठ नहीं बोलता, ऐसे व्यक्ति को सदाचारी कहते हैं। *–पूर्ण सिंह*
- तप तथा सदाचार के प्रभाव से निम्न स्तर के व्यक्ति भी उच्च स्थान प्राप्त कर लेते हैं। *–ऋग्वेद*
- आचरणवान् पुरुष ही आयु, धन, पुत्र, सौख्य, धर्म तथा शाश्वत भगवद्धाम एवं यहां पर विद्वत्समाज में प्रतिष्ठा प्राप्त करते हैं। *–अज्ञात*
- अपनी निन्दा और प्रशंसा, पराई निन्दा और पराई स्तुति–यह चार प्रकार का आचरण श्रेष्ठ पुरुषों ने कभी नहीं किया। *–वेदव्यास, महाभारत*
- परमेश्वर की दृष्टि में सदाचारी मनुष्य अत्यंत सम्मानीय समझा जाता है। *–कुरान शरीफ*

- जो कुल सदाचार से हीन हैं, वे गौओं, पशुओं, घोड़ों तथा हरी-भरी खेती से संपन्न होने पर भी उन्नति नहीं कर सकते। ***—विदुर नीति 4/31***
- श्रेष्ठजन जैसा आचरण करते हैं, वैसा ही दूसरे लोग भी करते हैं। ***—श्रीमद्भगवद् गीता***
- जब तक दूसरों का कर्ज चुका नहीं दिया जाता, तब तक हम सदाचारी कभी नहीं कहला सकते और हमें स्वर्ग में प्रवेश नहीं मिल सकता। ***—हज़रत मोहम्मद***
- सदाचार की रक्षा यत्न पूर्वक करनी चाहिए। धन तो आता और जाता रहता है। धन क्षीण हो जाने पर भी सदाचारी मनुष्य क्षीण नहीं माना जाता, किंतु जो सदाचार से भ्रष्ट हो गया, उसे तो नष्ट ही समझना चाहिए। ***—विदुरनीति 4/30***

सहानुभूति

- डूबने वाले के साथ सहानुभूति का अर्थ यह नहीं कि उसके साथ डूब जाओ बल्कि तैरकर उसे बचाने का प्रयास करो। ***—विनोबा भावे***
- सहानुभूति एक ऐसी विश्व-व्यापक भाषा है, जिसको सब प्राणी समझते हैं। ***—जेम्स ऐलन***
- रोगी को देख आना एक बात है, दवा लाकर उसे देना दूसरी बात है। पहली बात शिष्टचार से होती है, दूसरी सच्ची सम्वेदना। ***—प्रेमचंद, मानसरोवर***
- सहानुभूति मानवता का गौरव है। ***—सैम्युअल स्माइल्स***
- सहानुभूति सहृदयता की निशानी है। ***—अज्ञात***
- दुःखियों की दशा वही जानता है, जो अपनी परिस्थितियों से दुःखी हो गया हो। ***—शेख़ सादी, गुलिस्तां***
- व्यथित हृदय ही से सहानुभूति होती है। ***—प्रेमचंद, प्रतिज्ञा***
- किसी को आप बीती मत सुना, क्योंकि संसार में प्रेम के रहस्य के सुनने योग्य लोग नहीं हैं। लोग तो दीवार और दरवाज़े के समान जड़, यानी सहानुभूति शून्य ही हैं। ***—ग़ालिब, दीवान***
- मृत्युपर्यन्त गरीबों और पददलितों के लिए सहानुभूति रखो। ***—स्वामी विवेकानंद***
- सहानुभूति से हमारा आनंद बढ़ता है और हमारे कष्ट कम होते हैं। ***—चैरी केट्स***
- आज आप दूसरों के दुःखों में सहानुभूति रखेंगे तो कल जब आपको उसकी आवश्यकता होगी, तब वे ही लोग आपको अपना सहयोग तहे दिल दे देंगे। ***—अज्ञात***

❏ हर व्यक्ति लोगों से अपने प्रति सहानुभूति चाहता है। जिस प्रकार बच्चा, माता-पिता उसे अपनी गोद से लेकर सहलावे इस वजह से किसी भी कारण से रोने लगता है और अपने मन की बात पूरी कर लेता है। ठीक उसी प्रकार बड़े लोग भी अपने हृदय में होने वाली व्यथा अथवा दुःख विस्तृत रूप से दिल खोलकर दूसरों को सुनाया करते हैं। इसमें उद्देश्य यही होता है कि लोग अपने प्रति सहानुभूति दिखाएं, अपने साथ हिलमिल जाएं।   *—डॉ. आर्थर गेट्स*

❏ दूसरों पर दया करने वाला अपने लिए सहानुभूति पैदा करता है। जो व्यक्ति दया करने का अभ्यस्त नहीं, वह सहानुभूति पाने का भी अधिकारी नहीं है।   *—अज्ञात*

सम्मान

❏ यदि आत्म-सम्मान हो तो आदमी भी मान सम्मान से परे होता है। *—कालिदास*
❏ बुद्धिमान् को सम्मान मिलता है, पर मूर्ख का हर जगह अपमान होता है।
        —नीतिवचन 3/35 (बाइबल)
❏ एक जाति दूसरे को सम्मान दे, यही हमारा प्रथम कर्तव्य है। *—महात्मा गांधी*
❏ जीवन हर इनसान को प्रिय है, किन्तु शूरवीर को अपना सम्मान जीवन से भी अधिक मूल्यवान् और प्रिय है।   *—शेक्सपीयर*
❏ मनुष्य जितने सम्मान के लायक हो, उतना ही उसका सम्मान करना चाहिए, उससे अधिक नहीं करना चाहिए, नहीं तो उसके नीचे गिरने का डर रहता है।
                —सरदार पटेल
❏ प्रयत्न न करने पर भी विद्वान् लोग जिसे आदर दें, वही सम्मानित है। दूसरों से सम्मान पाकर भी अभिमान न करें और सम्माननीय पुरुष को देखकर जले नहीं।
              —वेदव्यास, महाभारत
❏ महापुरुषों का सर्वश्रेष्ठ सम्मान हम उनका अनुकरण करके ही करते हैं।
                —महात्मा गांधी
❏ अच्छा सम्मान पाने की राह यह है कि जो प्रतीत होने की कामना करते हो, वैसा बनने का प्रयत्न करो।   *—सुकरात*
❏ जहां अपूज्यों की पूजा होती है तथा पूज्यों का अपमान होता है, वहां दुर्भिक्ष मरण तथा भय—ये तीनों होते हैं।   *—विष्णु शर्मा, पंचतंत्र*
❏ सम्मान छाया की भांति उस व्यक्ति से दूर भागता है, जो उसका पीछा करता है लेकिन जो व्यक्ति उससे अपना पीछा छुड़ाना चाहता है, वह उसके पीछे लगा रहता

है। यदि तू योग्यता के बिना उसे प्राप्त करना चाहेगा, तो वह कभी तुझे प्राप्त न होगा और यदि तू उसके योग्य है, तो वह तेरा पिण्ड नहीं छोड़ेगा, भले ही तू अपने को कितना छिपाए। —अज्ञात

- मूर्ख मनुष्य को सम्मान देना मानो सुअर के आगे मोती डालना है।
—*नीतिवचन 26/80 (बाइबल)*
- जमीन-जायदाद चली जाएगी तो फिर पैदा की जा सकती है, घर बार चला जाए तो फिर खड़ा हो जाएगा, मगर इज्जत चली आएगी तो वह फिर से नहीं आएगी।
—*सरदार पटेल*
- मेरा सम्मान ही मेरा जीवन है, दोनों एक साथ बढ़ते हैं, मेरा सम्मान नष्ट कर दोगे तो मेरा जीवन भी नष्ट हो जाएगा। —*शेक्सपीयर*
- जो व्यक्ति स्वयं अयोग्य है और अपने पुरखों के पराक्रम और सम्मान पर गर्व करता है, वह उस चोर के समान है, जो बचाव के लिए मन्दिर में छिप जाता है।
—*अज्ञात*

सत्य

- सत्य की एक चिंगारी असत्य के पहाड़ को भस्म कर सकती है।
—*प्रेमचंद, गोदान*
- सच बोलने का सबसे बड़ा फायदा यह है कि तुम्हें याद नहीं रखना पड़ता कि तुमने किससे कहां क्या कहा था? —*राबर्ट बेन्सन*
- जितनी हानि शत्रु-शत्रु की और वैरी-वैरी की करता है, मिथ्या मार्ग का अनुगमन करने वाला चित्त उससे कहीं अधिक हानि पहुंचाता है। —*भगवान बुद्ध*
- कभी-कभी असत्य के व्यवहार से हानि होते न देख लोग कह बैठते हैं—सत्य की विजय में देर होती है। पर मैं कह सकता हूं कि देर भले हो, अंधेर नहीं होता। असत्य की विजय तो कभी नहीं होती। —*महात्मा गांधी*
- सत्य हजार ढंग से कहा जा सकता है और फिर भी हर ढंग सच हो सकता है।
—*विवेकानंद*
- सत्य का मार्ग ही कंटक रहित सरल और सुगम होता है, अतएव सभी को सत्य का आचरण करना चाहिए। —*ऋग्वेद 1/41/4*
- किसी प्रकार की हानि से रहित बोलने को सत्य बोलना कहते हैं।
—*संत तिरूवल्लुवर*

- ❒ असत्य में शक्ति नहीं है। अपने अस्तित्व के लिए भी उसे सत्य का आश्रय लेना अनिवार्य है। ***—विनोबा भावे***
- ❒ मैंने सच्चाई के रास्ते पर चलने वालों को कभी भटकते नहीं देखा। ***—शेख सादी***
- ❒ सत्यवादी मनुष्य पर कोई विपत्ति पड़ती है, तो लोग उसके साथ सहानुभूति करते हैं। दुष्टों की विपत्ति लोगों के लिए व्यंग्य की सामग्री बन जाती है। उस अवस्था में ईश्वर अन्यायी ठहराया जाता है। मगर दुष्टों की विपत्ति ईश्वर के न्याय को सिद्ध कर देती है। ***—प्रेमचंद, मानसरोवर***
- ❒ सत्य से बढ़कर धर्म नहीं है। सत्य स्वयं परब्रह्म परमात्मा है। ***—वेदव्यास***
- ❒ सत्य के लिए हर वस्तु की बलि दी जा सकती है, किन्तु सत्य की बलि किसी भी वस्तु के लिए नहीं दी जा सकती। ***—स्वामी विवेकानंद***
- ❒ सत्य की ही विजय होती है, असत्य की नहीं। ***—मुंडकोपनिषद्***
- ❒ सारे पुण्यों और सद्‌गुणों की जड़ सत्य है। ***—वाल्मीकि***
- ❒ समय मूल्यवान अवश्य है, किन्तु सत्य समय से भी अधिक मूल्यवान है। ***—डिजराइली***
- ❒ एक कटु सत्य को छिपाने के लिए जाने कितनी बार झूठ की शरण लेनी पड़ती है। ***—अज्ञात***
- ❒ सच्चे आदमी को हम धोखा नहीं दे सकते। उसकी सच्चाई हमारे हृदय में उच्च भावों को जागृत कर देती है। ***—प्रेमचंद, सेवासदन***
- ❒ सत्य से पापी को डर लगता है। ***—सुकरात***
- ❒ सत्य कड़ुवा होता है। ***—चाणक्य***

स्वावलंबन

- ❒ जो स्वावलंबी व्यक्ति अपने कर्म के पालन में तत्पर रहता है, उसे ही सिद्धि (सफलता) मिलती है। ***—श्रीमद्‌भगवद् गीता***
- ❒ देवता उनकी सहायता करते हैं, जो स्वयं अपनी सहायता करते हैं। ***—ईसप***
- ❒ संसार में अपने पंखों को फैलाना सीखो, क्योंकि दूसरों के पंखों के सहारे उड़ना संभव नहीं। ***—इक़बाल***
- ❒ उत्तम कार्य चाहते हो तो उसे स्वयं करो। ***—अंग्रेजी लोकोक्ति***
- ❒ आप दूसरों को तभी ऊपर उठा सकते हो, जब आप स्वयं ऊपर उठ चुके हैं। ***—शिवानंद***

- जो दूसरे पर आश्रित रहते हैं, उनका काम चौपट हो जाता है।
  —*मराठी लोकोक्ति*
- छोटी-छोटी बातों के लिए दूसरों का मुंह ताकना, समर्थ होने पर भी अपना काम अपने आप न करना गर्व की बात नहीं, बल्कि स्वावलम्बी होना निश्चय ही गर्व की बात है।
  —*अज्ञात*
- काम करके कुछ उपार्जन करना शर्म की बात नहीं। दूसरों का मुंह ताकना शर्म की बात है।
  —*प्रेमचंद, कर्मभूमि*
- प्रतिष्ठा आलसियों और अपाहिजों की तरह दूसरों के बल पर जीने में नहीं है, वह है अपना काम अपने हाथ से करने में और सचाई-ईमानदारी से अपना पसीना बहाकर रोटी कमाने में।
  —*महात्मा गांधी*
- किसी को भी दूसरे के श्रम पर मोटे होने का अधिकार नहीं। उपजीवी होना घोर लज्जा की बात है।
  —*प्रेमचंद, गोदान*
- जो युवा पुरुष सब बातों में दूसरों का सहारा चाहते हैं, जो सदा एक-न-एक नया अगुआ ढूंढ़ा करते हैं और उनके अनुयायी बना सकते हैं, वे आत्म-संस्कार के कार्य में उन्नति नहीं कर सकते।
  —*आचार्य रामचंद्र शुक्ल*

स्वास्थ्य

- स्वास्थ्य केवल शारीरिक या मानसिक दुरुस्ती को नहीं कहते, जब तक दोनों का संतुलन न हो, मनुष्य स्वस्थ नहीं कहा जा सकता। —*महात्मा गांधी*
- स्वस्थ शरीर में स्वस्थ मन का वास होता है। —*लेटिन लोकोक्ति*
- प्रथम महान् सम्पत्ति है—सुंदर स्वास्थ्य। —*इमर्सन*
- शरीर को रोगी और दुर्बल रखने के समान दूसरा कोई पाप नहीं है।
  —*लोकमान्य तिलक*
- अपने और श्रेष्ठ पत्नी के सुंदर स्वास्थ्य की सुरक्षा स्वर्ण और मुक्ता के बराबर है।
  —*गेटे*
- अच्छा स्वास्थ्य एवं अच्छी समझ जीवन में दो सर्वोत्तम वरदान हैं। —*साइरस*
- जो जल्दी सोता है और जल्दी उठता है, वह स्वस्थ्य, सम्पन्न और मेधावी होता है।
  —*अंग्रेजी लोकोक्ति*
- धर्म का सर्वप्रथम साधन स्वस्थ शरीर है। —*कालिदास*
- स्वास्थ्य परिश्रम में है और श्रम के अतिरिक्त वहां तक पहुंचने का कोई दूसरा राजमार्ग नहीं है। —*वेन्डेल फिलिप्स*

- यदि आप इस विचार को कि मैं बिल्कुल स्वस्थ हूं, मुझे कोई कष्ट नहीं—आठों पहर अपने सामने रखेंगे तो आप बहुत जल्दी स्वस्थ और हृष्ट-पुष्ट हो जाएंगे। जब कभी आपके मन में बीमारी का विचार आने लगे, उसे फौरन दबा दें। —*स्वेट मार्डेन*
- अच्छी पाचन क्रिया भूख पर निर्भर करती है और स्वास्थ्य दोनों पर।
  —*शेक्सपीयर*
- शरीर का निरोग और दीर्घायु होना विषय रहित होने का परिणाम है।
  —*महात्मा गांधी*
- धर्म, अर्थ, काम और मोक्ष का सर्वोत्तम आधार है व्यक्ति का उत्तम स्वास्थ्य।
  —*आयुर्वेद शास्त्र*
- जब तक शरीर स्वस्थ और नीरोग है, जब तक बुढ़ापा दूर है, जब तक सभी इन्द्रियों में भरपूर शक्ति है, जब तक प्राण शक्ति क्षीण नहीं हुई है—तभी तक अपने आत्म कल्याण और उत्थान का प्रयत्न करते रहना बुद्धिमानी है, अन्यथा घर में आग लग जाने पर कुआं खोदने से क्या लाभ? —*भर्तृहरि, वैराग्य शतक*
- हमारे कर्म ही हैं जो हमें स्वस्थ या अस्वस्थ करते हैं, निरोगी या रोगी करते हैं, सुखी या दुःखी करते हैं। —*गोस्वामी तुलसीदास*
- जब तक शरीर स्वस्थ व निरोग है और मृत्यु दूर है, तभी तक अपने कल्याण के उपाय करते रहना चाहिए, क्योंकि मृत्यु हो जाने पर कुछ नहीं किया जा सकता।
  —*चाणक्य, नीति दर्पण 4/4*
- जिसका शरीर बलवान् और हृष्ट-पुष्ट है, परन्तु जिसके मन में बुरी वासना, काम, क्रोध, लोभ, घृणा, द्वेष, बैर, हिंसा, अभिमान, कपट, ईर्ष्या, स्वार्थ आदि दुर्गुण और दुष्ट विचार निवास करते हैं, वह कदापि नीरोग नहीं है। उसकी शारीरिक नीरोगता बहुत ही जल्द नष्ट हो जाती है। —*आयुर्वेद शास्त्र*

स्वाभिमान

- स्वाभिमानी मनुष्य मर मिटता है, पर किसी के सामने दीन नहीं बनता। आग बुझ भले ही जाए, पर जीवित रहते वह ठंडी नहीं होती।
  —*नारायण पंडित (हितोपदेश 1/131)*
- तभी तक लक्ष्मी उसका आश्रय लेती है, तभी तक उसका यश स्थिर है और तभी तक वह पुरुष है, जब तक वह स्वाभिमानहीन नहीं हुआ। —*भारवि*
- मान ही महापुरुषों का धन है। —*चाणक्य नीति*

- सज्जन लोग मरना पसंद करते हैं, पर अविनय नहीं। —*सोमदेव*
- जिस प्रकार भूख से व्याकुल होने पर भी सिंह दूसरों के पराक्रम से प्रस्तुत मांस नहीं खाते, उसी प्रकार महान् दुःख होने पर भी दूसरे के द्वारा लाए गए धन को स्वाभिमानी मनुष्य नहीं चाहते। —*वीणा वासवदत्त*
- ठोकर खाकर नाचीज कीड़ा भी बदला लेता है, चींटी जैसी तुच्छ हस्ती काट खाती है, मनुष्य भी स्वाभिमान की रक्षा के लिए सर्वस्व की बाजी लगा देता है।
—*अज्ञात*
- स्वाभिमानी मनुष्य शत्रुओं का समूल नाश किए बिना उदित नहीं होते हैं।
—*माघ (शिशुपालवध 2/33)*
- लोग राख के ढेर को रगड़ देते हैं किन्तु जलती हुई आग को नहीं। अतः मानी लोग परिभव के भय से सुखपूर्वक प्राण तो छोड़ देते हैं, किन्तु तेजस्विता नहीं छोड़ते।
—*भारवि*
- बिना अपनी स्वीकृति के कोई मनुष्य आत्मसम्मान नहीं गंवाता। —*महात्मा गांधी*
- अपना आदर करने वालों के सामने अपना अपमान कई गुणा असह्य हो जाता है।
—*प्रेमचंद, रंगभूमि*
- आत्मसम्मान समस्त गुणों की आधारशिला है। —*जॉन हरशल*
- तेजस्वी व्यक्ति सच्चे स्वाभिमान की रक्षा के लिए अपने प्राणों की बाजी भी लगा देते हैं। —*भर्तृहरि, नीतिशतक*
- सुख भोग की लालसा आत्मसम्मान का सर्वनाश कर देती है।
—*प्रेमचंद, मानसरोवर*

स्वभाव

- अत्यन्त सीधे स्वभाव से रहना अच्छा नहीं होता। वन में जाकर देखो, सीधे वृक्ष ही काटे जाते हैं और टेढ़े वृक्ष खड़े ही रहते हैं। —*चाणक्य नीति 7/12*
- ज्ञानी पुरुष विवेक से सीखते हैं, साधारण मनुष्य अनुभव से। अज्ञानी आवश्यकता से और पशु स्वभाव से। —*सिसरो*
- भूखा होने पर भी सिंह घास नहीं खाता। —*चाणक्य सूत्र 164*
- स्वभाव एक उपार्जित गुण है, उसमें शिक्षा और सत्संग से सुधार हो सकता है।
—*प्रेमचंद, सेवासदन*
- अच्छा स्वभाव शहद की मक्खी की तरह है, जो प्रत्येक झाड़ी से शहद ही निकालती है। —*बींचर*

- अपने स्वभाव के विरुद्ध आचरण करने वाला आत्मीयों को छोड़कर परकीवों में रहने वाला नष्ट हो जाता है। ***—विष्णु शर्मा, पंचतंत्र***
- मनुष्य का स्वभाव ही ऐसा है कि तनिक-सा दोष देखते ही क्षण पूर्व की सभी बातें भूलते उसे कितनी देर लगती है। ***—शरत्चन्द्र***
- मधुर स्वभाव वास्तव में एक तिलिस्मी जादू है। धन की अपेक्षा इसकी शक्ति अधिक है। हीरे-मणियों से बढ़कर इसका मूल्य है। मधुर स्वभाव एक सुगंध है, जिसका सौरभ धरती को स्वर्गीय सुरभि से भर देता है। ***—स्वेट मार्डेन***
- व्यक्ति के स्वभाव को स्पष्ट करने वाली उसकी वाणी होती है, उसका रूप नहीं। ***—पानुगंटि***
- जल तो आग की गर्मी पाकर ही गर्म होता है, उसका अपना स्वभाव तो ठंडा ही होता है। ***—कालिदास***
- विचार जब स्वभाव के साथ घुल-मिलकर एक हो जाता है, तब वे आचार बन जाते हैं। ***—रवीन्द्रनाथ ठाकुर***
- कुत्ते की दुम बारह वर्ष तक भी नली में रखो तो भी टेढ़ी की टेढ़ी ही रहती है। ***—हिन्दी लोकोक्ति***
- स्वभाव से ही सबकी उत्पत्ति होती है, स्वभाव से ही परमात्मा पूर्वोक्त रूप में प्रकट हुआ है, स्वभाव से ही अहंकार तथा यह सारा जगत् प्रकट हुआ है। ***—हरिवंश पुराण***
- उग्र स्वभाव का मनुष्य झगड़े की आग को भड़काता है, परन्तु विलम्ब से क्रोध करने वाला व्यक्ति उसको मधुर वचन से बुझा देता है। ***—नीतिवचन 15/18 (बाइबल)***
- स्वभाव सबका अलग-अलग होता है। न कोई किसी के बनाने से बनता है, न बिगाड़ने से बिगड़ता है। ***—प्रेमचंद, कायाकल्प***
- धर्मशास्त्र अथवा वेद का अध्ययन करता है, इसलिए यह दुरात्मा भला आदमी हो गया है, यह समझना भूल है। क्योंकि स्वभाव ही सबसे बड़ चीज़ है। जैसे गाय का दूध स्वभाव से ही मीठा होता है। ***—हितोपदेश 1/17***
- चंदन घिसे जाने पर अधिक सुंदर गंध छोड़ता है। गन्ना चूसने पर स्वादिष्ट लगता है। सोना जलाने पर सुंदर वर्ण ही रहता है। वैसे ही प्राणान्त होने पर भी उत्तम व्यक्तियों का स्वभाव विकृत नहीं होता। ***—अज्ञात***
- उपदेश से स्वभाव को बदला नहीं जा सकता। भली प्रकार गर्म किया हुआ खौलता पानी भी पुनः शीतल हो जाता है। ***—विष्णु शर्मा, पंचतंत्र 1/280***
- वही पवित्र है, कुलीन है, धीर है और प्रशंसनीय है जो विपत्ति में भी अपना स्वभाव नहीं छोड़ता। ***—प्रकाश पर्व, वल्लभदेव सुभाषित***
- स्वभाव व चरित्र निर्माण के बिना कोई भी व्यक्ति बड़ा काम नहीं कर सकता। ***—युकाची***

स्वार्थ

- मनुष्य का हृदय कितना धूर्त, लोभी और स्वार्थान्ध होता है कि अपनी स्वार्थ सिद्धि के लिए किसी की जान, किसी की आबरू की भी परवाह नहीं करता। —*प्रेमचंद, प्रेमाश्रम*
- जिससे अपना स्वार्थ होता है, उससे सभी लोग प्रेम करते हैं। —*गोस्वामी तुलसीदास*
- कभी-कभी समय के फेर से मित्र शत्रु बन जाता है और शत्रु भी मित्र हो जाता है क्योंकि स्वार्थ बड़ा बलवान् है। —*वेदव्यास, महाभारत*
- स्वार्थ जितना ही संकीर्ण और संकुचित होगा, उतना ही वह दुःख, कष्ट, संताप, शोक, विषाद तथा भय उत्पन्न करेगा। —*अज्ञात*
- स्वार्थी से बढ़कर दिवालिया और कोई नहीं। —*लिनयू*
- मनुष्य की जन्मजात प्रवृत्ति स्वार्थ है। —*सुभाषित*
- जिसे देखिए स्वार्थ में मग्न है। जो जितना ही महान् है, उसका स्वार्थ भी उतना ही महान् है। —*प्रेमचंद, कर्मभूमि*
- हर मित्रता के पीछे कोई-न-कोई स्वार्थ अवश्य होता है। बिना स्वार्थ के दोस्ती हो ही नहीं सकती, यह एक कटु सत्य है। —*अज्ञात*
- लज्जा से रहित व्यक्ति ही स्वार्थ के साधक होते हैं। —*कर्णपूर*
- अपनी गरज जब होती है, तो आदमी का स्वाभिमान भी झुक जाता है। —*रईस जाफरी*
- अपना कार्य सिद्ध होने तक ही कार्यार्थी व्यक्ति सम्मान करता है। नदी के दूसरे किनारे पहुंचने पर नौका का क्या प्रयोजन होता है। —*अज्ञात*
- जब कोई पुरुष हमारे साथ अकारण मित्रता का व्यवहार करने लगे, तो हमको सोचना चाहिए कि इसमें उसका कोई स्वार्थ तो नहीं छिपा है। —*प्रेमचंद, मानसरोवर*
- सच्चा सुख स्वार्थ के नाश में है और उसे अपने आपके अतिरिक्त अन्य कोई भी सुखी नहीं बना सकता। —*अज्ञात*

साहस

- मानव के सभी गुणों में साहस पहला गुण है, क्योंकि यह सभी गुणों की जिम्मेदारी लेता है। —*चर्चिल*
- साहस अवसर के साथ-साथ बढ़ता है। —*शेक्सपीयर*
- वही सच्चा साहसी है जो कभी निराश नहीं होता। —*कन्फ्यूशियस*
- साहस वीरों का प्रथम गुण है। —*सुभाषित*
- भाग्य साहसी का साथ देता है। —*वर्जिल*

- साहस और धैर्य ऐसे गुण हैं जिनकी कठिन परिस्थितियों में आ पड़ने पर बड़ी आवश्यकता होती है। ***—महात्मा गांधी***
- साहस में सम्पत्ति निवास करती है। ***—शूद्रक***
- साहस गया कि मनुष्य की आधी समझदारी उसके साथ गई। ***—इमर्सन***
- वह सच्चा साहसी है, जो मनुष्यों पर आने वाली भारी-से-भारी विपत्ति को बुद्धिमत्तापूर्वक सह सकता है। ***—शेक्सपीयर***
- साहस का टॉनिक बेहतरीन मानसिक औषधि है। अगर आप आशावादी हैं, अगर आपको विश्वास है कि आप महान् कार्य संपन्न कर सकते हैं, और आत्मा साहस से ओतप्रोत है, तो आपको कोई नहीं रोक सकता है। अगर कहीं पराजित भी होना पड़े तो पराजय क्षणिक होगी। अंत में विजय आपके पांव चूमेंगी। ***—स्वेट मार्डेन***
- जितने महान् कार्य साहस के बल पर किए जाते हैं, उतने बुद्धिमत्ता के बल पर नहीं किए जाते। ***—अंग्रेजी लोकोक्ति***
- सफलता साहस की पुत्री है। ***—बीकन्सफील्ड***
- संकट में साहस होना आधी सफलता प्राप्त कर लेना है। ***—प्लाउटूस***
- कोई भी ऐसा मनुष्य साहसी नहीं हो सकता, जो पीड़ा को जीवन सबसे बड़ी बुराई समझता है। ***—सिसरो***
- निर्भय मन वाले ही गौरव शिखर पर सबसे पहले पहुंचकर गौरव का मुकुट पहनते हैं। ***—शेक्सपीयर***
- यह सच है कि पानी में तैरने वाले ही डूबते हैं, किनारे पर खड़े रहने वाले नहीं। मगर ऐसे लोग तैरना भी नहीं सीखते। ***—सरदार पटेल***
- साहस ही सबकुछ है। साहस गया तो सब कुछ गया। ***—जेम्स मैथ्यू***
- साहसी इस बात की खोज नहीं करते कि शत्रु कितने हैं, किंतु वे तो यह खोजते हैं कि वे कहां हैं? ***—अज्ञात***
- हिम्मत और हौसला मुश्किल को आसान कर सकते हैं, आंधी और तूफान से बचा सकते हैं। ***—प्रेमचंद, गुप्तधन***
- बदला साहस नहीं, उसका सहना साहस है। ***—शेक्सपीयर***
- बिना निराश हुए पराजय को सह लेना धरा पर साहस की सबसे बड़ी परीक्षा है। ***—इंगरसोल***

साहित्य

- मनुष्य ने जगत् में जो कुछ सत्य और सुंदर पाया है और पा रहा है, उसी को साहित्य कहते हैं। ***—प्रेमचंद, मानसरोवर***
- साहित्य मनुष्य की शक्ति-दुर्बलता, जय-पराजय, हास-अश्रु और जीवन-मृत्यु की कथा है। ***—महादेवी वर्मा, सप्तवर्णा***
- जो आनन्द देता है उसी को मन सुन्दर कहता है और वही साहित्य की सामग्री है। ***—रवीन्द्रनाथ ठाकुर***
- रचना का असंयम साहित्य की मर्यादा को नष्ट कर देता है। ***—शरत्चन्द्र***
- प्रत्येक देश का साहित्य उस देश के मनुष्यों के हृदय का आदर्श रूप है। ***—बालकृष्ण भट्ट***
- साहित्य तो समय का फल है, जमीन को भी कुछ दिनों के विश्राम की जरूरत होती है, उसे अवसर दिया जाता है—तभी फसल अच्छी होती है। ***—विमल मित्र***
- साहित्य वह है, जिसे किसान भी समझ सके और साक्षर भी समझ सके। ***—महात्मा गांधी***
- हमारी कसौटी पर वही साहित्य खरा उतरेगा, जिसमें उच्च चिंतन हो, स्वाधीनता का भाव हो, सौन्दर्य का सार हो, सृजन की आत्मा हो, जीवन की सच्चाइयों का प्रकाश हो—जो इसमें गति और बैचेनी पैदा करे, सुलाए नहीं क्योंकि अब और ज्यादा सोना मृत्यु का लक्षण है। ***—प्रेमचंद***
- प्रत्येक देश का साहित्य वहां की जनता की चित्तवृत्ति का संचित प्रतिबिम्ब होता है। ***—आचार्य रामचंद्र शुक्ल***
- साहित्य समाज का दर्पण है। ***—आचार्य महावीर प्रसाद द्विवेद्वी***
- सबकुछ नष्ट हो सकता है, राष्ट्र भी नष्ट हो सकता है, किंतु साहित्य कभी नष्ट नहीं हो सकता। ***—ज्ञानेश्वर***
- साहित्य, संगीत और कला में जिनकी रुचि नहीं होती, ऐसे मनुष्य बिना सींग-पूंछ वाले निरे पशु होते हैं। ***—भर्तृहरि, नीतिशतक***
- सारे मानव समाज को सुंदर बनाने की साधना का ही नाम साहित्य है। ***—हजारी प्रसाद द्विवेदी***
- जिस साहित्य से हमारी सुरुचि न जागे, आध्यात्मिक और मानसिक तृप्ति न मिले, हममें शक्ति और गति न पैदा हो, हमारा सौंदर्य प्रेम न जाग्रत हो—जो हममें सच्चा संकल्प और कठिनाइयों पर विजय पाने की सच्ची दृष्टिता न उत्पन्न करे, वह आज हमारे लिए बेकार है, वह साहित्य कहलाने का अधिकार नहीं। ***—प्रेमचंद***
- ज्ञान राशि के संचित कोश ही का नाम साहित्य है। ***—महावीर प्रसाद द्विवेद्वी***

सावधानी

- सावधानी बुद्धिमत्ता की सबसे बड़ी संतान है। ***—विक्टर ह्यूगो***
- सावधानी व्यक्ति प्रायः कम ही भूलें करते हैं। ***—कन्फ्यूशियस***
- दूध का जला छाछ को भी फूंक-फूंककर पीता है। ***—हिन्दी लोकोक्ति***
- चोर से जैसी सावधानी बरतते हो, वैसी ही क्रोध से भी बरतो। ***—अरस्तू***
- साफ पैर में कीचड़ लपेट कर धोने की अपेक्षा उसे न लगने देना ही अच्छा है। ***—नारायण पंडित, हितोपदेश***
- कुछ जीव ऐसे हैं, जिनसे सदा सावधान रहना चाहिए। वे हैं—धनवान् आदमी, कुत्ता, सांड़ और शराबी। ***—स्वामी रामकृष्ण परमहंस***
- मक्खन की हंड़िया सिर पर रख कर धूप में नहीं चलना चाहिए। ***—यहूदी लोकोक्ति***
- बुद्धिमान् व्यक्ति अपने सारे अंडे एक ही टोकरी में कभी नहीं रखेगा। ***—सर्वेण्टिस***
- उस पर विश्वास नहीं करो जिसने तुम्हें एक बार धोखा दिया है। वह तुम्हें फिर धोखा देगा। ***—शेक्सपीयर***
- बिना देखे कभी किसी वस्तु का पान न करो और बिना पढ़े कभी कहीं हस्ताक्षर न करो। ***—स्पेनिश लोकोक्ति***
- मानसिक पापों से सदा सावधान रहो। उनका परित्याग करो। मन से उन कुवासनाओं को निकाल दीजिए, जो दुष्कर्म कराती हैं। ***—अथर्ववेद 20/96/24***
- वक्त से एक टांका लगा दिया जाए तो बाद में नौ टांके नहीं लगाने पड़ेंगे। ***—अंग्रेजी लोकोक्ति***
- असावधानी विनाश को बहुत शीघ्र बुलाती है। सचेत रहो, सावधान रहो, जीवन महल के किसी भी दरवाजे से काम क्रोध रूपी किसी भी चोर को अंदर न घुसने दो और सावधानी के साथ, जो पहले घुसे बैठे हों, उन्हें दृढ़ता और शूरता के साथ निकालने की प्राणपन चेष्टा करते रहो। सावधानी ही साधना है। ***—हनुमान प्रसाद पोद्दार***
- दूसरों के दुर्भाग्य से सावधानी सीखना ही अधिक उचित है। ***—साइरस***
- कांटों पर चलने वाले नंगे पांव नहीं चला करते। ***—हिन्दी लोकोक्ति***

साधना

- ईश्वर की शरण में गए बगैर साधना पूर्ण नहीं होती है। —**संत ज्ञानेश्वर**
- बिना तीर्थ यात्रा किए कोई मनुष्य तीर्थस्थान तक नहीं पहुंच सकता। —*रवीन्द्रनाथ ठाकुर*
- जब तक फल न मिले, तब तक साधन जारी रखना चाहिए। —*विनोबा भावे*
- मन और मुख को एक करना ही साधना है। —*अज्ञात*
- नौका जल में रह सकती है किन्तु जल नौका में नहीं रहना चाहिए। उसी प्रकार साधक संसार में रहे किन्तु संसार का मायामोह साधक के मन में न रहे। —*रामकृष्ण परमहंस*
- साधना का लक्ष्य है एक ओर तो वासनाओं का नाश करना और दूसरी ओर सद्वृत्तियों का विकास करना। वासनाओं के नष्ट होते ही दिव्य भावों से हृदय परिपूर्ण हो जाएगा। हृदय में दिव्य भावों के प्रवेश करते ही समस्त दुर्बलताएं भाग जाएंगी। —*सुभाषचंद्र बोस*
- चित्त को वश में करने के लिए आध्यात्म विद्या का ज्ञान, सत्संगति, वासनाओं का भलीभांति परित्याग तथा प्राणायाम—ये प्रबल उपाय हैं। —*मुक्तिकोपनिषद्*
- साधना काल में साधना में ही मन-प्राण-अर्पण कार्य करो, क्योंकि उसकी चरम अवस्था का नाम ही सिद्धि है। —*स्वामी विवेकानंद*
- जैसे बढ़ई लकड़ी को सीधा करते हैं, वैसे ही पंडित अपने को साधते हैं। —*अज्ञात*
- साधना के जो तीन अवयव—कर्म, ज्ञान और भक्ति कहे गए हैं, वे सब काल पाकर दोषग्रस्त हो सकते हैं। कर्म अर्थशून्य विधि-विधानों से निकम्मा हो सकता है, ज्ञान रहस्य की भावना से पाखण्डपूर्ण हो सकता है और भक्ति इन्द्रिय भोग की वासना से कलुषित हो सकती है। —*रामचन्द्र शुक्ल*
- इन चार बातों का पालन करोगे तो तुम से शुद्ध साधना हो सकेगी। भूख से कम खाना, लोक प्रतिष्ठा का त्याग, निर्धनता का स्वीकार और ईश्वर की इच्छा में संतोष। —*अज्ञात*

संगति

- मूर्खों की संगति में रहने वाला मनुष्य चिरकाल तक शोक निमग्न रहता है। मूर्खों की संगति शत्रुओं की तरह सदा ही दुःखदायक होती है और धीर पुरुषों का सहवास अपने बंधु-बांधवों के समागम के समान सुखदाई होता है। —*भगवान बुद्ध*

- लंगड़े की संगति में रहोगे तो तुम भी लंगड़ाकर चलने लगोगे।
  —यूनानी लोकोक्ति
- विद्वानों की संगति से मूर्ख भी विद्वान् बन जाता है जैसे निर्मली के बीज से मटमैला पानी स्वच्छ हो जाता है। *—कालिदास*
- प्रतिभावान् साथियों की संगति से मनुष्य की बुद्धि पैनी होती है, ज्ञान बढ़ता है। मूर्ख साथियों के संग रहने से बुद्धि पर मैल चढ़ जाता है और बुद्धि का कोई प्रयोग न होने के कारण उसमें ऐसी जड़ता आ जाती है कि किसी भी विषय पर मनन-चिन्तन की इच्छा नहीं होती। *—भर्तृहरि, नीतिशतक*
- विद्वान्, चरित्रवान् श्रेष्ठ पुरुषों के सत्संग से मनुष्य की उन्नति होती है किन्तु मूर्ख व पतित मनुष्यों के पास रहने से दूसरों का भी पतन हो जाता है।
  —अथर्ववेद 10/8/15
- मनुष्य जिस संगति में रहता है, उसकी छाप उस पर पड़ती है। उसका निज गुण छिप जाता है और वह संगति का गुण प्राप्त कर लेता है। *—एकनाथ*
- नीच पुरुषों का साथ करने से मनुष्यों की बुद्धि नष्ट होती है। मध्यम श्रेणी के मनुष्यों का साथ करने से मध्यम होती है और उत्तम पुरुषों का संग करने से उत्तरोत्तर श्रेष्ठ होती है। *—वेदव्यास, महाभारत*
- मुझे बताइए कि आपके संगी-साथी कौन हैं और मैं बता दूंगा कि आप कौन हैं।
  —गेटे
- परमेश्वर विद्वानों की संगति से प्राप्त होता है। *—ऋग्वेद 1/1/5*
- जो जैसी संगति करता है, वैसा फल पाता है। *—महात्मा गांधी*
- सत्संगति बुद्धि जड़ता को हरती है, वाणी का मैल दूर करती है, चारों ओर यश फैलाती है, पापों को दूर करती है, चित्त को प्रसन्न करती है और समाज में आदर प्रतिष्ठा दिलाती है। *—भर्तृहरि, नीतिशतक–23*
- संगति का बड़ा प्रभाव पड़ता है। जो लोग साथ-साथ उठते-बैठते हैं, उनकी नैतिकता तथा चरित्र स्तर भी समान हो जाया करता है। किसी व्यक्ति का चरित्र इतना सबल नहीं होता कि वह अपने आसपास की स्थितियों से प्रभावित न हो। *—स्वेट मार्डेन*
- मूर्खों की संगति करने वाला मूर्ख ही हो जाता है। *—जातक*
- मूर्ख मनुष्य का साथ छोड़ दें, उसकी संगति में तुझे ज्ञान की बातें नहीं मिलेंगी।
  —नीतिवचन 14/7 (बाइबल)
- जो व्यक्ति साधु-संगति रूपी शीतल निर्मल गंगा में स्नान करता है, उसे फिर किसी तीर्थ, तप, दान और यज्ञ, योग आदि की क्या आवश्यकता है? *—योगवाशिष्ठ*

- ❐ हमारा चरित्र कितना ही दृढ़ हो, उस पर संगति का असर अवश्य पड़ता है। *—प्रेमचंद*
- ❐ यदि तुम जानना चाहते हो कि नरक क्या है तो जान लो अज्ञानी व्यक्ति की संगति ही नरक है। *—उमर खैयाम, रुबाइयात 239*
- ❐ सज्जनों की संगति अतिशीघ्र करें। अच्छी संगति से दुर्बुद्धि दूर होकर सद्‌बुद्धि प्राप्त होती है। *—कबीर*
- ❐ जो व्यक्ति उच्च विचारों की सुखद संगीत में रहते हैं, वे कभी भी एकाकी नहीं हो सकते। *—फिलिप सिडनी*

संतोष

- ❐ अपनी स्त्री, भोजन और धन इन्हीं तीनों में संतोष करना चाहिए। विद्या पढ़ना, जाप करना-कराना और दान देना—इन तीनों में संतोष न करना चाहिए।*—चाणक्य नीति 7/4*
- ❐ संतुष्ट मन वाले के लिए सदा सभी दिशाएं सुखमयी हैं, जैसे जूता पहनने वाले के लिए कंकड़ और कांटे आदि से दुःख नहीं होता। *—श्रीमद्‌भगवद्‌गीता*
- ❐ जो दरिद्र होकर भी संतुष्ट है, वह धनी है और पर्याप्त धनी है। *—शेक्सपीयर*
- ❐ दिनों के फेर से तू खट्टा होकर मत बैठ, क्योंकि संतोष रूपी अमृत से संतुष्ट मनुष्य के लिए सतत सुख और शांति के द्वार सदा खुले रहते हैं। *—शेख़सादी, गुलिस्तां*
- ❐ जहां संपन्नता और स्वतंत्रता का साम्राज्य रहता है, वहां संतोष असफल रहता है। *—ओलिवर गोल्डस्मिथ*
- ❐ जिसके मन में संतोष नहीं, वह कंगाल है। *—अंग्रेजी लोकोक्ति*
- ❐ जैसे जल के बिना नाव करोड़ यत्न करने पर नहीं चल सकती, इसी प्रकार सहज संतोष बिना कभी शांति नहीं मिलती। *—अज्ञात*
- ❐ संतोष सुख की नींद प्रदान करता है। *—कार्लाइल*
- ❐ मनुष्य के मन में संतोष होना स्वर्ग की प्राप्ति से भी बढ़कर है। संतोष ही सबसे बड़ा सुख है। यदि मन में संतोष भली-भांति प्रतिष्ठित हो जाए तो उससे बढ़कर संसार में कुछ भी नहीं है। *—वेदव्यास, महाभारत*
- ❐ अधिक धन-संपन्न होने पर भी जो असंतुष्ट रहता है, वह सदा निर्धन है। धन से रहित होने पर भी जो संतुष्ट है, वह सदा धनी है। *—अश्वघोष*
- ❐ जिसके मन में संतोष है, उसके लिए सब जगह संपन्नता है। *—संस्कृत लोकोक्ति*
- ❐ लोभ दुःख लाता है, संतोष में आनन्द ही आनन्द है। *—रामकृष्ण परमहंस*
- ❐ संतोष तो प्रयासों में है, उपलब्धियों में नहीं। *—महात्मा गांधी*

- संतोष रूपी अमृत से तृप्त शांतचित्त व्यक्तियों को जो सुख प्राप्त है, वह धन के लोभ में इधर-उधर भटकने वालों को कहां प्राप्त हो सकता है? —*संस्कृत सुभाषित*
- संतोष से परे दूसरा सुख नहीं। —*चाणक्य*
- संतोष स्वाभाविक संपत्ति है, विकास कृत्रिम निर्धनता है। —*सुकरात*
- सबसे अधिक प्राप्ति उसी को होती है, जो संतुष्ट होता है। —*शेक्सपीयर*
- संतोष सेतु जब टूट जाता है, तब इच्छा का बहाव परिमित हो जाता है। —*प्रेमचंद*
- बड़े-बड़े गड्ढे भरे जा सकते हैं लेकिन मनुष्य के मन को भरा नहीं जा सकता। —*चीनी लोकोक्ति*
- जो परम सुख चाहने वाला हो उसे अत्यंत संतोषी होना चाहिए, क्योंकि संतोष ही समस्त सुखों का मूल है। —*अज्ञात*
- जो चाहना, चिंता को छोड़कर कामना रहित है, वही संतुष्ट है। —*कबीर*
- तृष्णा की आग संतोष के रस को जला डालती है। —*योगवाशिष्ठ*

संयम

- सुख की इच्छा रखने वाले को संयम का जीवन व्यतीत करना चाहिए। —*मनुस्मृति*
- संयम वह मित्र है, जो जरा देर के लिए चाहे आंखों से ओझल हो जाए, पर धारा के साथ बह नहीं सकता। संयम अजेय है, अमर है। —*प्रेमचंद, कायाकल्प*
- संयम मानव चरित्र का बहुत बड़ा गुण है। जो आदमी अपने आप को संयत नहीं रख सकता, जिसका मिजाज उसकी इच्छा के विरुद्ध बदलता रहता है, वह एक निर्बल व्यक्ति है और परीक्षा के क्षणों में भी वह निर्बल सिद्ध होगा। —*स्वेट मार्डेन*
- संयमशील स्त्री या पुरुष को तो गया-बीता समझिए। इन्द्रियों को निरंकुश छोड़ देने वाले का जीवन कर्णधारहीन नाव के समान है, जो निश्चय ही पहली ही चट्टान से टकराकर चूर-चूर हो जाएगी। —*महात्मा गांधी*
- संयम सुख का साधन है। संयमी सच्चा तपस्वी होता है। —*स्वामी विवेकानंद*
- संयम सफलता की कुंजी है। —*चाणक्य*
- मन को संयमित न करने वाले पुरुष के लिए योग दुष्प्राप्य है। स्वाधीन मन वाले प्रयत्नशील पुरुष के द्वारा ही योग प्राप्त होता है—इष्टसिद्धि प्राप्त होती है। —*श्रीमद्भगवद् गीता 6/36*
- संयम के चार रूप हैं—मन का संयम, वचन का संयम, देह का संयम और उपाधि सामग्री का संयम। —*अज्ञात*

- संयमशील पुरुष बड़ी मुश्किल से फिसलते हैं, मगर जब एक बार फिसल गए तो किसी प्रकार नहीं संभल सकते, क्योंकि उनकी संयत प्रवृत्तियां बड़े प्रबल वेग से प्रतिकूल दिशा की ओर चलती हैं। —*प्रेमचंद, रंगभूमि*
- जो अपने ऊपर शासन नहीं करेगा, वह सदैव दूसरों का सेवक रहेगा। —*गेटे*
- सर्वशक्तिमान वही है, जो आत्मसंयमी है। —*सेनेका*
- असंयमी व्यक्ति जानवरों से भी गया-बीता है। जानवर भी भोजन और वासनापूर्ति में कुछ संयम रखते हैं, किन्तु इनसान बुद्धिमान् होकर भी आहार-विहार में बड़े असंयमी होते हैं जिससे वे बीमार पड़ते हैं। संयम एक ऐसा अंकुश है, जो हमें विवेक और सत्य के पथ पर आरूढ़ रखता है। —*अज्ञात*
- बलवान् बनने के लिए जरूरी बात है संयम। —*विनोबा भावे*
- सब संयम का मूल ज़बान और जननेन्द्रिय के नियंत्रण में बसता है। —*महात्मा गांधी*
- जो अधिक धन का स्वामी होकर भी इन्द्रियों पर अधिकार नहीं रखता, वह ऐश्वर्य से भ्रष्ट हो जाता है। —*विदुरनीति 2/63*
- जिसने हाथ, पैर और वाणी को संयम में कर रखा है, वही सर्वोत्तम संयमी है। —*अज्ञात*
- इन्द्रियों तथा मन को जीतने वाले धीर पुरुष की लक्ष्मी अत्यंत सेवा करती है। —*विदुरनीति 2/58*

स्वाध्याय

- मन के लिए स्वाध्याय वैसा ही है, जैसा शरीर के लिए व्यायाम है। —*रिचर्ड स्टील*
- स्वाध्याय ज्ञान-संचय और आत्मविकास का सर्वोत्तम साधन है। —*महात्मा गांधी*
- स्वाध्याय का परित्याग कर देने से उत्तम कुल भी नीच कुल हो जाते हैं। —*विष्णु धर्मोत्तर पुराण*
- स्वाध्याय करना मनुष्य की वाणी का तप है। —*श्रीमद्भगवद्गीता 17/15*
- जितना पुण्य धन-धान्य से पूर्ण इस समस्त पृथ्वी को दान देने से मिलता है, उसका तीन गुना पुण्य तथा उससे भी अधिक पुण्य स्वाध्याय करने वाले को प्राप्त होता है। —*शतपथ ब्राह्मण*
- स्वाध्याय करते रहने से समस्त दुःखों से मुक्ति मिलती है। —*उत्तराध्ययन 26/10*
- स्वाध्याय से मनुष्य को योग की उपासना करनी चाहिए। योग से स्वाध्याय का अभ्यास होना चाहिए। स्वाध्याय की संपत्ति से परमात्मा का साक्षात्कार होता है। —*योग. 1/28 व्यासभाष्य*

- शिक्षित बनना प्रत्येक मनुष्य के अपने हाथ की बात है। केवल सच्ची लगन तथा इच्छाशक्ति की दृढ़ता की ही आवश्यकता है। ईश्वर ने मनुष्य की बौद्धिक उन्नति के साधन सर्वसुलभ बनाए हैं। —*ईसप*
- स्वाध्याय बुद्धि का यज्ञ है। स्वाध्याय के द्वारा मानव सत् को प्राप्त होता है। —*जयशंकर प्रसाद*
- स्वाध्याय में नित्य तत्पर होना चाहिए। —*मनुस्मृति 3/75*
- संसार में बहुत से बड़े आदमी स्वाध्याय के बल पर ही ऊंचे चढ़े हैं। स्कूल-कालेज की पढ़ाई तो निमित्त मात्र है। —*महात्मा गांधी*
- स्वाध्याय के समान दूसरा तप न अतीत में कभी हुआ है, न वर्तमान में कहीं है और न भविष्य में कभी होगा। —*वृहत्कल्पभाष्य*
- स्वाध्याय हमें मनोबल प्रदान करता है। हतोत्साहित होने पर रामबाण दवा का काम करता है। —*अज्ञात*
- ब्राह्मण जिस दिन स्वाध्याय नहीं करता, उसी दिन वह ब्राह्मण से अब्राह्मण हो जाता है। अर्थात् ब्राह्मण की पवित्रता इसी में है कि वह सदा-सर्वदा, दिन-प्रतिदिन नया ज्ञान, उपयोगी ज्ञान, ब्रह्म-ज्ञान अर्जित करता चले। अपने ज्ञानरूपी कोष को उत्तरोत्तर बढ़ाता चले। —*शतपथ ब्राह्मण*
- स्वाध्याय से बढ़कर सज्जनों के लिए कोई अच्छी आदत नहीं हो सकती। —*महात्मा गांधी*

सुख

- जो सुख, दुःख के पश्चात् होता है, वह साधारण से अधिक सुखमय होता है। —*कालिदास*
- जीवन का सुख दूसरों को सुखी करने में है, उनको लूटने में नहीं। —*प्रेमचंद, गोदान*
- निरोगी रहना, ऋणी न होना, परदेश में न रहना, अच्छे लोगों के साथ मेल होना, अपनी वृत्ति से जीविका चलाना और निर्भय होकर रहना—ये छह मनुष्य लोक के सुख हैं। —*वेदव्यास, महाभारत*
- वही सबसे सुखी है, चाहे वह राजा हो या किसान, जो अपने घर में शांति पाता है। —*गेटे*
- अपने सुख के लिए दूसरों को कष्ट देना महान् पाप है। —*स्वामी दयानंद*

- सुख के क्षण छोटे और दुःख की घड़ियां लंबी प्रतीत होती है। ***–संत तुकाराम***
- जिस प्रकार बिना भूख के खाया हुआ भोजन नहीं पचता, उसी प्रकार बिना दुःख के सुख भी नहीं पचता। ***–महात्मा गांधी***
- सुख उन्हें मिलता है जो समुद्र के समान अचल गंभीर बुद्धि वाले होते हैं, जिनमें पृथ्वी के समान क्षमा और पालन की सामर्थ्य होती है। जो गौ के समान दानी और नदी के जैसे निरन्तर क्रियाशील होते हैं। ***–ऋग्वेद 3/45/3***
- सदा सुख-ही-सुख दुर्लभ है। ***–वाल्मीकि रामायण, (अयो. 18/13)***
- शिक्षा, विद्या, बुद्धि, ज्ञान, उन्नति जो कुछ है, सब सुख के लिए है। चाहे जिस तरह से देखो, अपना सुख बढ़ाने के सिवा वह सब और कुछ भी नहीं है। ***–शरत्‌चन्द्र (देवदास 39)***
- सुख के पीछे दौड़ो तो वह तुमसे दूर भगेगा। सुख से दूर भागो तो वह तुम्हारे पीछे दौड़ा चला आएगा। ***–अंग्रेजी लोकोक्ति***
- सुख संतोष में प्राप्त होता है, विलास में सुख कभी नहीं मिल सकता। ***–प्रेमचंद, सेवासदन***
- सच्चा सुख बाहर से नहीं मिलता, हृदय से मिलता है। ***–महात्मा गांधी***
- सुखों के चले जाने के बाद ही हम उनका महत्त्व समझ पाते हैं, जब हम सुखी होते हैं, तब नहीं। ***–अरस्तू***
- सुख-चैन के साथ सूखी-रोटी खाना उस बलि-भोज के मांस से श्रेष्ठ है, जो लड़ाई-झगड़े वाले घर में खाया जाता है। ***–नीतिवचन 17/1 (बाइबल)***
- सुख बांटने से बढ़ता है और दुःख बांटने से घटता है। ***–हिन्दी लोकोक्ति***
- सुख आदमी के सामने आता है, तो दुःख का मुकट पहन कर। जो उसका स्वागत करता है, उसे दुःख का भी स्वागत करना चाहिए। ***–विवेकानंद***
- दुःखी सुख की इच्छा करता है। सुखी और अधिक सुख चाहता है। वास्तव में दुःख के प्रति उपेक्षा-भाव रखना ही सुख है। ***–अज्ञात***
- जो मनुष्य दूसरों के सुख का नाश करके सुखी होने की आशा करता है, वह बड़ा ही अभागा है। ऐसे कर्मों से भगवान की अप्रसन्नता और परिणाम में असीम दुःखों की प्राप्ति होती है। ***–अज्ञात***

सेवा

- सेवा में शत्रु भी मित्र हो जाता है। ***–वाल्मीकि***
- दीन दुःखी एवं पीड़ित बंधुओं की सेवा करने में जो गौरव युक्त आनंद मिलता है, वह सभ्य समाज की दावतों में नहीं प्राप्त होता है। ***–प्रेमचंद (कायाकल्प)***

- जैसे मनुष्य कुदाल से पृथ्वी को खोदकर उसके तल से जल प्राप्त कर लेता है, उसी प्रकार गुरु की सेवा करने वाला शिष्य गुरु के पास विद्यमान विद्या को प्राप्त कर लेता है। ***—चाणक्य नीति***
- जो सच्ची सेवा करने वाला है, उसका प्रचार तो अपने आप होने वाला है। ***—महात्मा गांधी***
- सेवा का फल कभी व्यर्थ नहीं जाता। ***—सुभाषित***
- सेवा करके विज्ञापन न करो, जिसकी सेवा की है, उस पर बोझ मत डालो। नहीं तो तुम्हारी सेवा पुनः स्वीकार करने में उसे संकोच होगा और पिछली सेवा के लिए जो उसने स्वीकार की थी, उसके मन में पछतावा होगा। ***—हनुमान प्रसाद पोद्दार***
- गरीबों की सेवा ही ईश्वर की सेवा है। ***—सरदार पटेल***
- सेवा के लिए पैसे की जरूरत नहीं होती, जरूरत है अपना संकुचित जीवन छोड़ने की, गरीबों से एक रूप होने की। ***—विनोबा भावे***
- अगर आप सेवा को अपना एक मात्र आनन्द बना लेते हैं, तो जीवन में दूसरे किसी आनन्द की जरूरत आपको नहीं पड़ेगी। ***—महात्मा गांधी***
- सेवा करने से हृदय शुद्ध होता है, अहंभाव दूर होता है, सर्वत्र परमात्मा का दर्शन करने का अभ्यास होकर बहुत शांति प्राप्त होती है। ***—माधव गोलवलकर***
- घर सेवा की सीढ़ी का पहला डंडा है। इसे छोड़कर तुम ऊपर नहीं जा सकते। ***—प्रेमचंद, कायाकल्प***
- फूल चाहने वाले जल से पौधों को सींचते भी हैं। ***—चाणक्य सूत्राणि***
- जो मनुष्य अंजीर के वृक्ष की देखभाल करता है, उसे उसके फल खाने को मिलते हैं। ऐसे ही जो सेवक अपने मालिक की सेवा करता है, मालिक उसका सम्मान करता है। ***—नीतिवचन 27/18 (बाइबल)***
- जो लोग यह सोचते हैं कि वे किसी भी प्रकार की सेवा करने के योग्य नहीं हैं, लगता है कि वे जानवरों और वनस्पतियों को भूल जाते हैं। ***—अरुण्डेल***
- सेवा करके अहसान करना, सेवा के बदले में सेवा चाहना, अन्य किसी भी फल-कामना की पूर्ति चाहना तो प्रत्यक्ष ही सेवाधर्म से च्युत होना है। मन में इस इच्छा की लहर को भी मत आने दो कि उसे मेरी की हुई सेवा का पता रहना चाहिए। ***—अज्ञात***
- सेवा ही वह सीमेंट है, जो दंपती को जीवन पर्यन्त स्नेह और साहचर्य में जोड़े रख सकता है, जिस पर बड़े-बड़े आघातों का भी कोई असर नहीं होता। जहां सेवा का अभाव है, वहीं विवाह विच्छेद है, परित्याग है, अविश्वास है। ***—प्रेमचंद, गोदान***

सौंदर्य

- कोयल का सौंदर्य उसके स्वर में है, स्त्री का सौंदर्य उसके पतिव्रत-धर्म में है, कुरूपों का सौंदर्य विद्या में है और तपस्वियों का सौंदर्य क्षमा में। —*चाणक्य नीति*
- सुंदरता मनोभावों पर निर्भर होती है। माता अपने कुरूप बालक को भी सुंदर समझती है। —*प्रेमचंद, कायाकल्प*
- सौंदर्य पर आधारित प्रेम सौंदर्य की ही भांति शीघ्र नष्ट हो जाता है। —*जॉन डोन*
- वास्तविक सौंदर्य हृदय की पवित्रता में है। —*महात्मा गांधी*
- सुंदर आकृति वालों के प्रति सबका मन आदर हो ही जाता है। —*कालिदास*
- जरूरी नहीं कि जो रूप में ठीक हो, वह सद्गुण संपन्न भी हो। —*शेख़ सादी*
- सुंदरता देखने वाले की निगाह में होती है। —*अंग्रेजी लोकोक्ति*
- कोई भी वस्तु स्वभाव से न तो सुंदर है और न असुंदर। जिसे जो अच्छा लगे, वही सुंदर है। —*नारायण पंडित, हितोपदेश*
- सौंदर्य एक बार दोषग्रस्त हुआ तो सदैव के लिए नष्ट हो जाता है। —*शेक्सपीयर*
- सुंदर मुख मौन प्रशंसा है। —*फ्रांसिस बेकन*
- अच्छा स्वभाव सदा सौंदर्य के अभाव को पूरा कर देगा, किंतु सौंदर्य अच्छे स्वभाव के अभाव की पूर्ति नहीं कर सकता। —*एडीसन*
- स्त्रियों का सौंदर्य उसका पति प्रेम है। इसके बिना उसकी सुंदरता इंद्रायण का फल है, विषमय और दग्ध करने वाला। —*प्रेमचंद, सेवासदन*
- सौंदर्य का फल प्रेमियों को रिझाता है। —*कालिदास, कुमारसंभव*
- सौंदर्य ईश्वर द्वारा प्रदत्त उपहार है। —*अरस्तू*
- भीतर का सौंदर्य देखा तो बाहर का फीका लगा। —*महात्मा गांधी*
- बिना सद्गुण के सुंदरता अभिशाप है। —*चीनी लोकोक्ति*
- जिस सौंदर्य में भोलेपन की झलक नहीं, वह बनावटी सौंदर्य है। —*बालकृष्ण भट्ट*
- सुंदरता बिना शृंगार के ही मन मोहती है। —*शेख़ सादी*
- सुंदर वस्तु निरन्तर आनंद का स्रोत होती है। —*जॉन कीट्स*

हंसना/हंसी

- हंसी मन की गांठें बड़ी आसानी से खोल देती है। मेरे मन की ही नहीं, तुम्हारे मन की भी। —*महात्मा गांधी*

- यह जिन्दगी हंसते-खेलते हुए जीने के लिए है। चिंता, भय, शोक, क्रोध, निराशा, ईर्ष्या, तृष्णा व वासना में बिलखते रहना मूर्खता है। ***—अथर्ववेद 12/2/22***
- हर बात को हंसी में उड़ानेवाला व्यक्ति व्यर्थ ही ज्ञान की तलाश करता है, पर समझदार मनुष्य के लिए ज्ञान सहज ही प्राप्त हो जाता है। ***—नीतिवचन, बाइबल***
- मनोवैज्ञानिक दृष्टि से दिल खोलकर हंसना, मुस्कराते रहना और चित्त प्रफुल्ल रखना दवा है। ***—जे. गिलबर्ट ओकले***
- मानसिक स्वास्थ्य के लिए किसी तार्किक प्रक्रिया की अपेक्षा खूब जोर से हंसना अधिक हितकारी होगा। ***—डॉक्टर रे***
- इतना भयंकर तनाव रात-दिन मुझ पर है कि यदि मैं न हंसूं तो मर जाऊंगा। ***—अब्राहम लिंकन***
- मनुष्य बराबर वालों की हंसी नहीं सह सकता, क्योंकि उनकी हंसी में ईर्ष्या, व्यंग्य और जलन होती है। ***—प्रेमचंद, गोदान***
- सौ वर्ष जीने के लिए अपने चारों ओर जवान और हंसमुख मित्रों का गिरोह रखो। ***—एलिजाबेथ सैफोर्ड***
- अभद्र हंसी मज़ाक मित्रता के लिए प्राणघातक विष है। ***—अज्ञात***
- मानव ही केवल एक ऐसा प्राणी है, जिसमें हंसने की शक्ति होती है। ***—ग्रेवाइल***
- हंसने की शक्ति ईश्वर द्वारा मनुष्य को इसलिए प्रदान की गई है, क्योंकि वह क्षणभर में अपने दुःख-दर्द से मुक्ति पा सके। ***—ह्यूमने***
- स्त्री एक आंख से रोती है और दूसरी आंख से हंसती है। पुरुष ऐसा नहीं कर सकता। ***—अज्ञात***
- आनन्दोल्लास के कारण ही तो मैं तमाम प्रकार की शारीरिक दुर्बलताओं से बचा रहता हूं। ***—लोरेस स्टर्न***
- उस दिन को बेकार ही समझो, जिस दिन तुम हंसे नहीं। ***—चेम्सफोर्ड***
- तुम हंसोगे तो संसार हंस पड़ेगा, किन्तु रोते समय तुम्हें अकेले ही रोना पड़ेगा। ***—विलकाक्स***
- जब मैं स्वयं हंसता हूं तो मेरा अपना बोझ हलका हो जाता है। ***—रवीन्द्रनाथ ठाकुर***
- उन्मुक्त अट्टहास नई प्रेरणा, स्फूर्ति और विचारों का स्रोत है। जिस प्रकार वनस्पतियों के लिए खुली धूप की जरूरत होती है, उसी प्रकार मनुष्य के लिए हंसना टॉनिक का काम करता है। ***—स्वेट मार्डेन***

ह्रदय

- कोमल ह्रदय वाले व्यक्तियों की चित्त वृत्ति प्रायः करुणामयी होती है। ***—कालिदास***
- मुखमंडल ह्रदय का दर्पण है। ***—प्रेमचंद***
- निर्मल ह्रदय में ईश्वर वास करता है। ***—संत तुकाराम***
- ईंट-पत्थर के सब मंदिरों के ऊपर ह्रदय का मंदिर है। ***—साधु वासवानी***
- कांच का टुकड़ा टूट कर तेज धार वाला छुरा हो जाता है। वही कैफ़ियत इनसान के टूटे हुए दिल की है। ***—प्रेमचंद, गुप्तधन***
- जब दिल भर जाता है तो आंखें छलक जाती हैं। ***—यहूदी लोकोक्ति***
- सुंदर ह्रदय का मूल्य स्वर्ण के सदृश है। ***—शेक्सपीयर***
- प्रसन्नह्रदय व्यक्ति का चेहरा सदैव खिला रहता है। ***—बाइबल***
- देवता वही है जिसके ह्रदय में दैवी गुण भरे हैं, नहीं तो वह देव वेष में असुर ही है। ***—अज्ञात***
- जिसके ह्रदय में मंगलमय भगवान का आवास है, उनके यहां सर्वदा उत्सव, सर्वदा लक्ष्मी और सर्वदा मंगल का निवास रहता है। ***—रामानुजाचार्य***
- हमारे ह्रदय में प्रेम, धर्म और पतिव्रता का भाव जितना बढ़ता जाता है, उतना ही हम बाहर प्रेम, धर्म और पवित्रता देख सकते हैं। हम दूसरों के कार्यों की जो निंदा करते हैं, वह वास्तव में हमारी अपनी ही निन्दा है। ***—विवेकानंद***
- ज्ञानी पुरुष का ह्रदय दर्पण के सदृश्य होना चाहिए, जो किसी वस्तु को बिना दूषित किए हुए परिवर्तित कर देता है। ***—कनफ्यूशियस***
- ह्रदय की कोई भाषा नहीं है, ह्रदय ह्रदय से बातचीत करता है। ***—महात्मा गांधी***
- जब दिल में जगह हो, तो घर में जगह बन जाती है। ***—डेनिश लोकोक्ति***
- नकल ऊपरी बातों की हो सकती है, ह्रदय की नहीं। पर ह्रदय पहचानने के लिए ह्रदय चाहिए, चेहरे पर की दो आंखों से ही काम नहीं चल सकता। ***—रामचन्द्र शुक्ल***
- उसकी जय कभी नहीं हो सकती, जिसका दिल पवित्र नहीं है। ***—रामतीर्थ***
- तीन को सदा ह्रदय में रखो—दया क्षमा और विनय। ***—सुभाषित***
- तीन को ह्रदय से निकाल दो—राग, द्वेष और ईर्ष्या। ***—सुभाषित***
- सुंदर भी वही है, जिसका ह्रदय सुन्दर है। जो आकृति से बहुत सुंदर है, जिसके शरीर पर रंग और चेहरे की बनावट बहुत ही आकर्षक है, परन्तु जिसके ह्रदय में दुर्गुण और दोष भरे हैं, वह गंदे ह्रदय का मनुष्य सदा ही असुंदर है। ज्यों ही उसके ह्रदय के भाव बाहर आते हैं, त्यों ही वह सबकी घृणा का पात्र बन जाता है। ***—अज्ञात***

- ❒ यदि हृदय प्रसन्न है तो चेहरे पर रौनक रहती है, किंतु यदि हृदय दुखित है तो अंतर आत्मा भी उदास रहती है। ***—नीतिवचन 15/13 (बाइबल)***
- ❒ हृदय तलवार से भी अधिक शक्तिशाली होता है। ***—वेण्डेल फिलिप***
- ❒ सारे महान् विचार हृदय से ही उत्पन्न होते हैं। ***—नार्गीज***
- ❒ सुख सर्वत्र विद्यमान है लेकिन उसका स्रोत हमारे हृदय में है। ***—रस्किन***
- ❒ तीर्थों में श्रेष्ठ तीर्थ विशुद्ध हृदय है। पवित्र वस्तुओं में अति पवित्र भी विशुद्ध हृदय है। ***—वेदव्यास***

क्षमा

- ❒ दंड देने की शक्ति होने पर भी दंड न देना सच्ची क्षमा है। ***—महात्मा गांधी***
- ❒ विद्वान् क्षमा से ही शुद्ध होते हैं। ***—मनु***
- ❒ क्षमा करने से ही मानव क्षमा का पात्र बनता है। ***—संत फ्रांसिस***
- ❒ क्षमा का कवच पहन लो, निन्दक के तीर व्यर्थ हो जाएंगे। ***—तुलसीदास***
- ❒ मित्र की अपेक्षा शत्रु को क्षमा करना सहज है। ***—सेंट ल्यूक***
- ❒ जिसे पश्चात्ताप न हो, उसे क्षमा कर देना पानी पर लकीरें खींचने की तरह निरर्थक है। ***—जापानी लोकोक्ति***
- ❒ किसी के दुर्वचन कहने पर क्रोध न करना ही क्षमा कहलाता है। ***—स्वामी विवेकानंद***
- ❒ संसार में ऐसे अपराध कम हैं, जिन्हें हम चाहें और क्षमा न कर सकें। ***—शरत्चन्द्र***
- ❒ वृक्ष अपने काटने वाले को भी छाया देता है। ***—चैतन्य प्रभु***
- ❒ इस जगत् में क्षमा वशीकरण रूप है। भला क्षमा से क्या नहीं सिद्ध होता? जिसके हाथ में शांति रूपी तलवार है, उसका दुष्ट पुरुष क्या कर लेंगे? ***—विदुर नीति 1/55***
- ❒ क्षमा बड़ों का धर्म है। छोटों का काम उत्पात करना है। ***—रहीम***
- ❒ क्षमा असमर्थ मानवों का गुण है और समर्थों का भूषण है। ***—वेदव्यास***
- ❒ दूसरों की बहुत-सी बातों को क्षमा कर दो, किन्तु अपनी कोई नहीं। ***—अज्ञात***
- ❒ क्षमा बदले के भय से नहीं मांगी जाती। भय से आदमी छिप जाता है, दूसरों की मदद मांगने दौड़ता है, क्षमा नहीं मांगता। क्षमा आदमी उसी वक्त मांगता है, जब उसे अपना अन्याय और बुराई का विश्वास हो जाता है और जब उसकी आत्मा उसे लज्जित करने लगती है। ***—प्रेमचंद, रंगभूमि***
- ❒ क्षमा दंड से बड़ी है। दंड देता है मानव, किन्तु क्षमा प्राप्त होती है देवता से। दंड में उल्लास है पर शांति नहीं और क्षमा में शांति भी है और आनन्द भी। ***—भर्तृहरि***

- जो क्षमा करता है और बीती बातों को भूल जाता है, उसे ईश्वर की ओर से पुरस्कार मिलता है। *—कुरान शरीफ*
- भूल करना मनुष्य का स्वभाव है किन्तु क्षमा कर देना दैवी वृत्ति है। *—अलेक्जेंडर पोप*
- स्त्री या पुरुष के लिए क्षमा ही अलंकार है। *—वाल्मीकि रामायण (बालकांड)*

त्रुटि/त्रुटियां

- गलती हर इनसान से होती है लेकिन जब इनसान अपनी गलती को छिपाता है या उस पर मुलम्मा चढ़ाने के लिए और झूठ बोलता है, तो यह खतरनाक बन जाती है। सच्चा मनुष्य वही है, जो अपनी गलती को मान ले और फिर उसे त्याग कर अपने आप में सुधार कर ले। *—महात्मा गांधी*
- गलती करना मनुष्य का काम है, परन्तु जानबूझ कर गलती कर जमे रहना शैतान का काम है। *—संत आगस्टीन*
- पुरुषों की त्रुटियों में उनकी स्वार्थपरता निहित रहती है, नारियों की त्रुटियों के मूल में उनकी दुर्बलता। *—मैडम दी स्टील*
- छोटे चाहे जितनी गलतियां करें, परन्तु बड़ों को उनके प्रति क्षमा भाव रखना चाहिए। भगवान विष्णु का क्या बिगड़ गया जो भृगु ने लात मार दी थी अर्थात् क्षमा में ही बड़प्पन है। *—कबीर*
- गलतफहमियों में डूबे रहना, गलतियां करने से भी खतरनाक है। *—जार्ज बर्नार्ड शॉ*
- दूसरों में त्रुटियां ढूंढ़ते रहना खतरनाक आदत है। इससे मन की प्रसन्नता उसी तरह नष्ट हो जाती है जैसे किसी फूल पर चलता हुआ कीड़ा उसकी पंखुड़ियों को कुतरता चलता है। *—स्वेट मार्डेन*
- सर्वोत्तम मनुष्य त्रुटियों से ढलकर निकलते हैं। *—शेक्सपीयर*
- संसार का कुछ भी त्रुटि रहित नहीं है। *—ऋषि आंगिरस*
- गलतियों की सबसे बड़ी औषध है उनकी विस्मृत कर देना। *—साइरस*
- त्रुटियां तो केवल उसी से नहीं होगी जो कभी कोई काम करे ही नहीं। *—लेनिन*
- गलती स्वीकार करना झाड़ू के समान है, जो गंदगी को हटाकर सतह साफ कर देती है। *—महात्मा गांधी*
- वह जो गलती करता है, मनुष्य है। जिसे उस पर दुःख है वह संत है, जिसे इसका घमंड है, वह शैतान है। *—टॉमस फुलर*

- दूसरों की त्रुटियों या कृत्य और अकृत्यों की खोज में न रहो। तुम तो अपनी त्रुटियों और कृत्य-अकृत्यों पर विचार करो। ***—भगवान बुद्ध***
- कोई भी व्यक्ति अनेक और बड़ी गलतियां करे बिना कभी महान् नहीं हुआ। ***—ग्लैडस्टन***
- दूसरों की त्रुटियां सुनकर प्रसन्न होने वाला अपनी बुराइयां सुनकर विक्षुब्ध होगा। ***—अज्ञात***
- त्रुटियों ही की बात सोचते रहने से वे कभी दूर नहीं होंगी। जितना आप उन पर ध्यान केंद्रित करेंगे, कल्पना उसमें नए रंग भरेगी और उन्हें पहले से भी अधिक अमिट बना देगी। आपका काम यह है कि उन्हें चेतना की स्लेट से धो डालें। ***—स्वेट मार्डेन***
- विवेकशील पुरुष दूसरों की गलतियों से अपनी गलती सुधारते हैं। ***—साइरस***

ज्ञान/ज्ञानी

- ज्ञान भय की औषधि है। ***—इमर्सन***
- दुनिया भर का ज्ञान इकट्ठा कर लेने से वह पंडित बन सकता है, ज्ञानी नहीं। ***—ओशो***
- संसार का सर्वश्रेष्ठ दान ज्ञान दान है, क्योंकि चोर इसे चुरा नहीं सकते, न ही कोई इसे नष्ट कर सकता है। यह निरन्तर बढ़ता रहता है और लोगों को स्थाई सुख देता है। ***—ऋग्वेद 6/28/3***
- बलवान् से बुद्धिमान् और शक्तिवान् से ज्ञानवान् अधिक शक्तिशाली होता है। ***—नीतिवचन 24/5 (बाइबल)***
- हर व्यक्ति को ज्ञान में स्वावलंबी होना चाहिए। ***—विनोबा भावे***
- भोजन, निद्रा, भय, मैथुन ये मनुष्यों में पशुओं के समान ही होते हैं किन्तु मनुष्यों में ज्ञान विशेष रूप से अधिक है। ज्ञान रहित मनुष्य पशु के समान होते हैं। ***—चाणक्य नीति 17/17***
- जो विद्वान् पुरुष आंख, कान आदि नौ दरवाजे वाले, तीन वात, पित्त और कफ रूपी खंभों वाले, पांच ज्ञानेन्द्रिय रूप साक्षी वाले, आत्मा के निवास स्थान इस शरीर रूपी गृह को जानता है, वह बहुत बड़ा ज्ञानी है। ***—विदुर नीति 1/105***
- ज्ञान वही सिद्ध है, जिससे मानव का हित हो। ऐसा ज्ञान निरर्थक है जिससे मानव का कल्याण न होकर कष्ट बढ़ता है। ***—महात्मा गांधी***

- इस संसार में ज्ञान के समान पवित्र करने वाला निःसन्देह कुछ भी नहीं है।
  —वेदव्यास, महाभारत
- ज्ञान वह पंख है जिससे हम स्वर्ग की ओर उड़ते हैं। *—शेक्सपीयर*
- ज्ञान का देवता उन व्यक्तियों के लिए अपने द्वार नहीं खोलता जो उसे प्राप्त करने की तीव्र इच्छा नहीं रखते तथा उसे प्राप्त करने के लिए त्याग एवं बलिदान नहीं करते। यदि आप ज्ञान पाना चाहते हैं तो आपको इसका मूल्य चुकाना ही होगा।
  —स्वेट मार्डेन
- विनम्रता, जिज्ञासा और सेवा से ज्ञान प्राप्त होता है। ज्ञान के समान पवित्र करने वाली और कोई चीज नहीं है। *—श्रीमद्भगवद्गीता*
- विस्मृत वस्तुओं की स्मृति ही ज्ञान है। *—प्लेटो*
- ज्ञानवान् को जगत् में कोई भी झंझट नहीं रह जाती। *—ओशो*
- जिसने एक बार भी ज्ञान रूपी अमृत रस का स्वाद ले लिया, वह सब कार्यों को छोड़कर उसी की ओर दौड़ पड़ता है। *—जाबाल दर्शनोपनिषद्*
- ज्ञान जैसी अमूल्य वस्तु तो विद्यमान है, परन्तु उसको प्राप्त करने वाला कोई नहीं है, क्योंकि ज्ञान बिना कर्म किए नहीं मिलता। इसी कारण प्राणी इधर-उधर भटकता रहता है। अतः भक्ति और सेवा करने पर ही ज्ञान की प्राप्ति संभव है।
  —महात्मा गांधी
- किसी व्यक्ति में ज्ञान कितना है, इसका पता इससे लग जाता है कि उसका मन विषयों से कितना मुड़ा हुआ है। *—तुलसीदास*
- ज्ञान ही प्रकाश है। उसके बिना हम एक कदम नहीं चल सकते।
  —महात्मा गांधी
- अपनी अज्ञानता का भास ज्ञान का प्रथम सोपान है। *—डिजराइली*
- जो दूसरों को जानता है, विद्वान् है, जो स्वयं को जानता है ज्ञानी है। *—लाओत्से*
- ज्ञान स्वयं एक शक्ति है। *—फ्रांसिस बेकन*

❏ ❏ ❏

www.ingramcontent.com/pod-product-compliance
Lightning Source LLC
Chambersburg PA
CBHW072156160426
43197CB00012B/2402
* 9 7 8 9 3 8 1 4 4 8 6 5 6 *